21
Nach dem widerumb ein fried beschloßen,
Hats den Papisten so vbel verdroßen.
Das sie denen von der reformerten religion,
Zu Nimes viel leyts haben an gethon.
Sie aber haben sich an ihnen wider gerochen
In einer nacht irer vil ertrinckt vnd erstochen
Derer der meisten theyl richter, Aduocat,
Pfaff, Munch vnd häuptleut der stat.
Am ersten Octobr im Iar M. D. LXVII.

Die von der reformierten religion zu Vaßij,
Seint in irer predigh am ersten tag Martij.

Durch des hertzogen von Guiſe gebott
Erſchoßen geſchlagen vnd geſtochen zu tot

Am I. Mart.

Mann, Weib vnd kindt ohn vnterscheÿt,
Mit wutender grim vnd grausamkeÿt.

Wilches dem Cardinal von Lotharing,
Nach seines hertzen wunsch erging.

D. LXII.

Nach wenigh Predication
Die Caluinsche Religion
Das bildens turmen fiengen an
Das nicht ein bildt dauon bleib stan
Anno Dnj. M. D. LX
3

rantz, kilch, auch die altar
ist dort vor handen war

Zerbrochen all in kurtzer Stundt
Gleich gar vil leuten das ist kundt.

XX Augusti

at nitt der Dauid recht gesacht,
as Gott nitt ansehet menschen macht:
nd dan allein beweist sein gwallt,
en der mensch also ist gestallt,

Daß er sein eigen macht vnd bein
Veracht, vnd trawt dem Herrn allein.
Also erzeigt ietz Gott sein hant,
Gar wunderbarlich in Brabant

Dem P
Der ieg
Hatt a
Zu defe

von Vranien
olck aus Spanien,
ht vill Roß vnd knecht,
ein ſach vnd recht.

Damitt er nixt verrichttet hatt,
Dan abgeweſn mit groſſer ſchatt.
Jetzt, ohn menſchlich gwalt vnd hant,
Bekumpt er Stett vnd alles landt.

Der liebe Gott im ſtehe nun bey,
Das er erhelt gut Policey.
Anno Dñi. M. D. LXXVII
am XVIII. Septembris.

Auszugk XIIII. Jesuweiten Und
das seie nitt haben wollen schweren
Die porrt von Bierhofft
Die Spaniard so vor Harlem geblebẽ
Viel tausendt haben seie gegeben
Dem Jesuweitterigschen orden
Zu bußen ihr diebstuck und morden
Da vor seie kaufft ein sta
Jetzt aber Seind all gese
18
Anno Dñi. M. D. LXXVIII. am XVII

Das sie nitt haben wollen schweren Der binnen Gendt war angestalt
Des lands gemeinem frid zu eheren Drumb ziehendt sie auß all iung vnd alt

Olivier Christin, ancien élève de l'Ecole normale supérieure, est maître de conférences à l'université de Nancy et directeur adjoint de la Mission historique française de Göttingen. Il travaille sur l'histoire du protestantisme et des arts visuels et a publié sur ce sujet *Une Révolution symbolique : l'iconoclasme huguenot* aux Editions de Minuit (1991). Il prépare actuellement avec François Boespflug une réédition du traité de Jean Molanus sur les saintes images.

Pour Camille

1er dépôt légal : février 1995
Dépôt légal : septembre 2005
Numéro d'édition : 135683
ISBN : 2-07-053228-3
Imprimé en Italie par Editoriale Lloyd

LES RÉFORMES
LUTHER, CALVIN ET LES PROTESTANTS

Olivier Christin

DÉCOUVERTES GALLIMARD
RELIGIONS

the Lamb speaketh
Why Do You Crucifie Me
the name of other Gods
Stephanus gardinerus Wintoniensis Episcopus
Christ alone is
Latimerus
Rogerus
for the rights sake are we dayly put to dea
as sheepe are destinate to be slayne

En 1503, l'évêque de Bâle doit rappeler aux prêtres de son diocèse « de ne pas se friser les cheveux au fer, de ne pas s'adonner au commerce dans les églises, de ne pas tenir de débits de boisson ». Mais la nouveauté, ce ne sont pas ces abus déjà anciens, mais bien le scandale qu'ils suscitent et les efforts de redressement qu'ils provoquent. La Réforme n'est pas née des railleries convenues sur les travers de l'Eglise à la fin du Moyen Age : elle a d'abord répondu à une attente et à une espérance religieuse des chrétiens.

CHAPITRE PREMIER
RÉNOVATION INTÉRIEURE OU RÉFORME ?

A la veille de la Réforme, les critiques répétées contre le clergé (à gauche) se réclament d'un retour à la Bible.

Le malheur des temps

La piété intense et si particulière de la fin du Moyen Age s'enracine dans les convulsions politiques, économiques, culturelles et sociales que connaît alors l'Europe. Les guerres – la guerre de Cent Ans s'achève vers 1450, mais celle des Deux Roses déchire l'Angleterre à partir de 1455 – ajoutent leurs effets dévastateurs à ceux de la peste, apparue lors d'une première crise entre 1347 et 1358, puis au cours de retours périodiques ; familles éclatées, amoncellement des cadavres, destruction des solidarités traditionnelles sèment

Jean Huss, un prêtre tchèque influencé par les écrits de John Wycliff qui attaquait l'Eglise des clercs et invitait les fidèles à lire la Bible, est condamné au bûcher en 1415 durant le concile de Constance (ci-dessus).

le trouble dans des esprits frappés par l'omniprésence de la mort.

Dans le même temps, l'Eglise traverse une longue crise – le « Grand Schisme » – où deux papes (Clément VII soutenu par la France et l'Espagne et Urbain VI poussé par l'Angleterre, l'Empire et l'Italie du Nord), puis trois, s'affrontent. Le concile de Constance (1414-1418) met fin au Schisme, mais le prestige du Saint-Siège sort très amoindri de cette période de troubles, comme en témoigne le réveil des hérésies : John Wycliff et ses disciples, les Lollards, en Angleterre; Jean Huss en Bohême. Tout aussi révélateur : le démenti cinglant que les pères conciliaires infligent aux prétentions politiques des papes, à leur avidité et à leur centralisme, en proclamant la suprématie des conciles sur la papauté.

Réuni à l'initiative de Sigismond, futur empereur, le concile de Constance devait mettre fin au Grand Schisme. Jean XXIII, l'un des trois papes concurrents, y fait son entrée solennelle le 28 octobre 1414 (en haut, à gauche et à droite). Mais les pères conciliaires ne se laissent ni impressionner, ni manœuvrer : ils déposent les trois papes ou les contraignent à démissionner. Pendant plusieurs mois, l'Eglise est gouvernée par une assemblée qui engage des réformes importantes.

Témoin significatif du désarroi des fidèles à la fin du XVe siècle, la propagation des rumeurs qui affirment, par exemple, que personne ne serait entré au paradis depuis le Schisme, et le retour des courants millénaristes qui s'observent partout : lors de l'avent 1513, par exemple, un franciscain avertit ainsi les Florentins de l'imminence de la fin des temps et les invite à se repentir. En Allemagne même, la certitude de la venue de l'antéchrist gagne de nombreux fidèles, sous l'influence d'hommes comme Jean Hilten qui annonce la ruine de la papauté pour 1514-1516 et la destruction de Rome.

Rassurer, protéger, intercéder

Pour apaiser la colère divine et se rassurer, les chrétiens recourent de plus en plus aux intercesseurs qui pourront les protéger des périls de la vie et, à l'heure voulue, fléchir le Juge courroucé. Le culte des saints et de la Vierge remplit en partie cette fonction : saint Sébastien, saint Roch, saint Gilles ou saint

Adrien sont censés préserver de la peste, saint Antoine du « mal des Ardents », saint Christophe de la mort subite; sous l'ample manteau de la Vierge de Miséricorde se presse une foule bigarrée qui recherche sa protection.

Dans la même logique, à la faveur de la croyance au purgatoire, on observe deux pratiques visant à abréger autant que possible le séjour de l'âme dans ce lieu intermédiaire entre paradis et enfer : la multiplication des legs pies dans les testaments et l'accumulation des indulgences, avec lesquelles les chrétiens croient obtenir des assurances pour eux et pour leurs morts afin de raccourcir leur séjour au purgatoire.

Mais la prolifération des intercesseurs et la volonté de prendre des assurances sur l'au-delà contribuent à dissoudre la frontière entre la piété sincère et la superstition et à entraîner les fidèles dans une véritable comptabilité des péchés et des mérites. Que dire de ces pèlerins qui accourent à Wilsnack, en Pologne, pour vénérer des hosties sanglantes pourtant condamnées par un légat pontifical ou à Halle en Allemagne dont les huit mille reliques et quarante-deux corps entiers de saints peuvent procurer près de quarante millions d'années d'indulgence ? Mais les fidèles ne sont pas seuls en cause : le livre synodal de Troyes (1530), par exemple, promet onze mille trois cents jours d'indulgence à tous ceux qui célébreront dans les règles la Fête-Dieu.

L'angoisse de la mort et la peur du Jugement de Dieu (à droite détails du polyptique du *Jugement dernier* de Roger van der Weyden, vers 1445 : l'espoir des élus et la terreur des réprouvés) amènent les chrétiens des XIVe et XVe siècles à se lancer dans une véritable comptabilité de l'au-delà pour prendre des garanties. Afin d'assurer le salut de leur âme, ils demandent des messes en nombre toujours plus grand. A Lyon entre 1450 et 1510, deux tiers des testateurs demandent des messes anniversaires, reléguant loin derrière les aumônes. Ils s'adressent avec ferveur et inquiétude aux saints qui pourront plaider leur cause devant Dieu (en haut à gauche : illustration de Holbein pour l'*Eloge de la folie* d'Erasme : le culte de la Vierge). Enfin, par la prière, par leurs mérites ou par leurs offrandes, ils acquièrent des indulgences (en bas).

L'art témoigne lui aussi de cette crainte du Jugement et de l'obsession de la mort, ici, le *Triomphe de la mort* par Pieter Brueghel. Les transis figurent le cadavre dans toute son horreur en insistant sur les effets de la décomposition; les *Danses macabres* et les *Triomphes de la Mort* rappellent aux vivants quels qu'ils soient l'inéluctabilité de la mort, relayés en cela par la gravure et l'imprimé qui reproduisent ces images terrifiantes et édifiantes. En quelques scènes dramatiques, où se joue le sort de l'âme du défunt, les *Arts de mourir* résument les enjeux du dernier combat que se livrent anges et démons autour du mourant et ils invitent les chrétiens à s'y préparer grâce à une véritable pédagogie de la peur. L'importance accrue des images de la Passion (Christ aux outrages, Ecce Homo et, bien sûr, crucifixion) traduit cette sensibilité nouvelle, mais elle révèle également l'importance du problème du salut. Bien que le Christ ait souffert pour expier les péchés du monde et pour sauver les hommes, tout chrétien ne doit-il pas continuer à redouter de comparaître devant son juge?

Les insuffisances de l'Eglise devant les mutations politiques et sociales

L'Eglise établie ne sait ou ne peut répondre pleinement aux attentes inquiètes et très diversifiées des fidèles. L'élargissement du monde connu avec la découverte de l'Amérique (1492), l'essor économique soutenu par l'expansion commerciale et l'inflation, le renforcement des Etats modifient alors en profondeur les sociétés européennes, affaiblissant les positions de l'Eglise en matière de prêts à intérêt, théoriquement interdit, de nomination aux charges ecclésiastiques (les bénéfices), les Etats interférant de plus en plus dans les procédures de désignation et de fiscalité pontificale. En Allemagne, par exemple, le concordat indécis de 1448 laisse au pape la collation d'un bénéfice mineur sur deux et n'apaise aucune des tensions avec Rome. L'hostilité envers la papauté trouve là un terreau propice à sa croissance et les critiques du clergé et de l'Eglise établie circulent en Europe dans presque tous les milieux, y compris parmi les ecclésiastiques. En outre, la papauté souffre des conflits politiques avec les souverains, comme en 1511, lorsque le roi de France Louis XII encourage une violente propagande contre Jules II et convoque un concile pour essayer de le déposer.

Au début du XVIe siècle, l'image de la papauté est ambiguë. D'un côté, on célèbre les fastes et la puissance des grands papes de la Renaissance, mécènes, hommes d'Etat et *condottiere* (en haut, portrait de Léon X avec deux cardinaux par Raphaël vers 1519). De l'autre, on dénonce leurs vices. Les prodiges et les monstres sont utilisés dans un sens polémique : ainsi, un veau malformé né en 1522 en Saxe est représenté dans des pamphlets qui l'identifient soit à Luther, soit à un moine (ici à gauche).

« Il n'y a pas dans le corps de l'Eglise une seule partie saine »

Partout, sans adhérer à ce jugement circonstanciel et excessif d'Eugène IV (pape de 1431 à 1447), on dénonce les conséquences néfastes du système des bénéfices qui attache un revenu provenant des biens d'Eglise aux charges ecclésiastiques. Pour accroître leurs ressources, certains prélats se lancent, en effet, dans une véritable course aux charges et honneurs :

POVRTRAIT D'VN MONSTRE PRODIGIEVX TROVVE A ROME L'AN M. CCCC. XCVI.

en 1513, le pape Léon X autorise l'évêque de Spire à rester doyen de Mayence, chanoine à Cologne et à Trèves, prévôt de Saint-Donatien à Bruges, curé de Hocheim et de Loch ; Hippolyte d'Este est simultanément archevêque de Lyon, d'Arles, de Narbonne et de Milan et évêque d'Autun, de Tréguier et de Ferrare. Conséquence inévitable des cumuls, les prélats ne résident pas dans leurs paroisses. Evêque de Strasbourg entre 1440 et 1478, Rupert von Simmern ne célèbre pas une seule messe dans sa cathédrale. Ces évêques confient leurs diocèses à des vicaires généraux et à des évêques auxiliaires qui les remplacent, imités en cela, à un niveau plus modeste, par les curés qui se délestent de leurs obligations sur des vicaires pas toujours bien formés, ni bien payés.

De plus, Erasme, l'humaniste de Rotterdam qui jouit alors d'un prestige immense dans toute l'Europe, accuse les évêques de se comporter davantage en grands seigneurs qu'en successeurs des apôtres

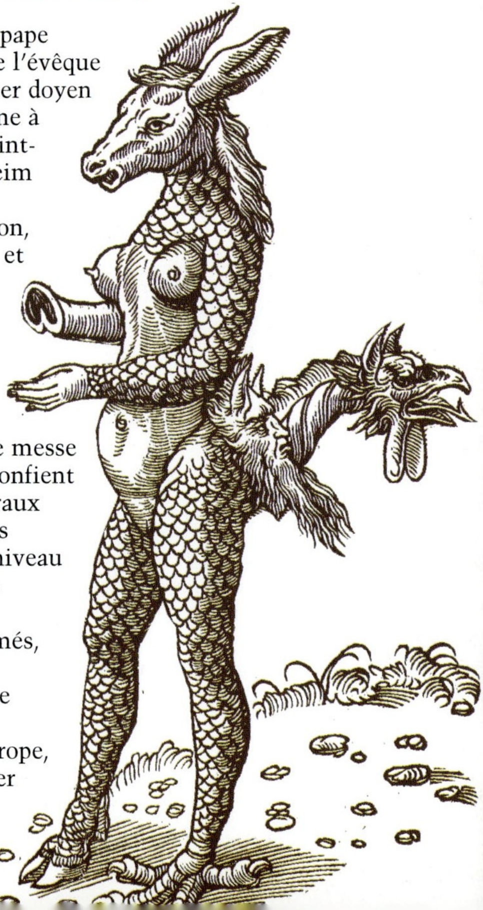

Melanchthon, quant à lui, un proche de Luther, interprète un monstre prétendument découvert à Rome en 1496 (ci-dessous) comme un signe de la corruption de la papauté – on reconnaît l'étendard pontifical avec les clés – et comme un présage de son déclin.

soucieux d'évangéliser leur diocèse. Il est vrai que bien des prélats sont profondément engagés dans les affaires du siècle, à l'instar des princes-évêques allemands notamment ou de ces évêques anglais qui conseillent le roi Henri VII, tels William Warham, le chancelier, ou Thomas Ruthal, secrétaire du roi. En France ou en Espagne également, le service du roi attire de nombreux évêques. Tous, jusqu'aux papes mécènes (Léon X) et guerriers (Jules II) de la Renaissance, entretiennent une confusion entre les intérêts temporels et la mission spirituelle de l'Eglise qui ternit le prestige de celle-ci.

Les contemporains dénoncent aussi, et peut-être surtout, l'ignorance, les mœurs scandaleuses ou la vie dissolue d'un clergé pléthorique accusé de danser, de jouer, de se battre, de boire, de prendre des concubines. Les moines sont aussi l'objet d'innombrables plaisanteries qui en font des incultes, des gourmands et des paillards.

Les premières gravures protestantes s'en prennent souvent aux moines. Ici, des monstres assistés de chiens donnent la chasse aux moines à l'intérieur d'un enclos; ils poussent les religieux (certains accompagnés de leur concubine) vers la bouche de l'enfer dans laquelle siège déjà le pape.

Mais entre chasseurs et chassés, il y a comme une connivence, car les chiens portent des vêtements ecclésiastiques et le pape bénit un démon agenouillé devant lui. Le message de cette gravure polémique est donc clair : le monachisme conduit en enfer et il faut chasser les moines de la cité chrétienne.

L'idéal de Réforme

L'Eglise de la fin du Moyen Age, traversée de courants contradictoires et d'aspirations au renouveau, est en pleine mutation. Le mot et l'idée de Réforme en effet courent à travers le XVe siècle. Dans tous les milieux, des chrétiens affirment qu'il faut réformer l'Eglise « dans la tête

William Warham (ci-dessus son portrait par Holbein en 1527) est l'exemple même de ces prélats anglais profondément engagés dans les affaires politiques de la monarchie et peu soucieux d'exercer effectivement leur charge. Archevêque de Canterbury, il est aussi lord chancelier et membre actif du conseil royal. Les évêques de Winchester (Foxe) ou de Durham (Thomas Ruthal) sont dans une situation comparable : le premier est garde des Sceaux, le second secrétaire du roi.

et dans les membres », mais ils ne peuvent s'entendre sur la procédure. Qui doit prendre l'initiative de ce redressement qu'ils appellent de leurs vœux ? Le pape ou bien un concile général ? L'Eglise bute sur ce dilemme car les conciles et les pontifes de la première moitié du siècle, engagés dans une longue épreuve de force, se neutralisent et compromettent les efforts de rénovation.

Au début du XVIe siècle, toutefois, le concile de Latran (1512-1517) soulève de grands espoirs, mais les décrets de réforme auxquels il aboutit ne reçoivent aucune application pratique en raison de l'indifférence du pape Léon X. L'impuissance pontificale et l'échec des grands conciles n'étouffent cependant pas les volontés individuelles de réforme comme le montrent les nombreux exemples de prêtres ou d'évêques édifiants et zélés : François d'Estaing, évêque de Rodez de 1504 à 1529, déploie ainsi d'incontestables efforts de redressement en visitant régulièrement les paroisses de son diocèse et en rappelant leurs obligations à ses curés : « Soyez humbles, bénins, pieux, sobres, doux, modestes à la fois dans l'intérieur mais aussi dans l'extérieur ». Hugues des Hazards à Toul ou Augustin Grimaldi à Grasse ne lui cèdent ni en zèle, ni en piété (le second a pour habitude de se retirer au monastère Saint-Honorat et de jeûner). La situation du clergé régulier apparaît tout aussi contrastée : si certains monastères sont la proie du désordre, de réels îlots de ferveur subsistent, comme les clarisses d'Avignon ou le couvent de Saint-Nicolas-des-Ondes à Strasbourg et les entreprises de rénovation sont loin d'être toutes stériles. Partout, des religieux s'efforcent de lutter contre le laxisme et de restaurer l'observance des règles monastiques, non sans rencontrer difficultés et oppositions. Ces efforts prometteurs mais isolés et fragiles ne suffisent pourtant pas à apaiser des fidèles inquiets et déçus.

Des prélats et des grands seigneurs se signalent cependant par l'intensité de leur dévotion personnelle. Des œuvres d'art plus intimes représentent le dévôt en prière devant l'intercesseur auquel il s'adresse. Ici, Jean Carondelet (1469-1545), doyen de l'église de Besançon) marque sa dévotion à la Vierge.

En 1487, le médecin de l'archevêque d'Augsbourg estime que « l'imprimerie (à droite) a vraiment illuminé ce siècle, grâce à la miséricorde du Tout-Puissant. Cette découverte permet à l'Eglise d'aller plus richement parée à la rencontre de son époux [le Christ] ». Son enthousiasme se comprend encore mieux si l'on sait que le livre religieux représente 75% de la production jusqu'en 1520.

L'apparition du livre

La religion plus simple et plus dépouillée, centrée sur le Christ et sur son enseignement, à laquelle certains chrétiens aspirent, passe par un recours systématique à la Bible qui devient comme l'autorité unique. Pour l'un des inspirateurs de ce renouveau intellectuel et

spirituel du christianisme, Lefèvre d'Etaples, « on ne doit affirmer de Dieu que ce que nous apprenons de lui par les Ecritures ». Les espoirs de redressement religieux rencontrent ici les deux mutations fondamentales de la fin du Moyen Age que sont l'invention de l'imprimerie et l'humanisme.

L'imprimerie n'est pas qu'une révolution quantitative car elle impose très vite un nouveau rapport à l'écrit. Si elle permet une baisse des prix du livre et une augmentation des tirages, encore modestes, elle permet surtout de fixer définitivement les textes.

Contrairement à une idée reçue, les chrétiens de la fin du Moyen Age sont loin d'ignorer la Bible dont on connaît environ

Uy Testamentu
Magar nelwen mellet
az Görög es Diak nelwböl
wyonnan fordítank az
Magar nipnet Kereßtén -
hütben valo epülésre.

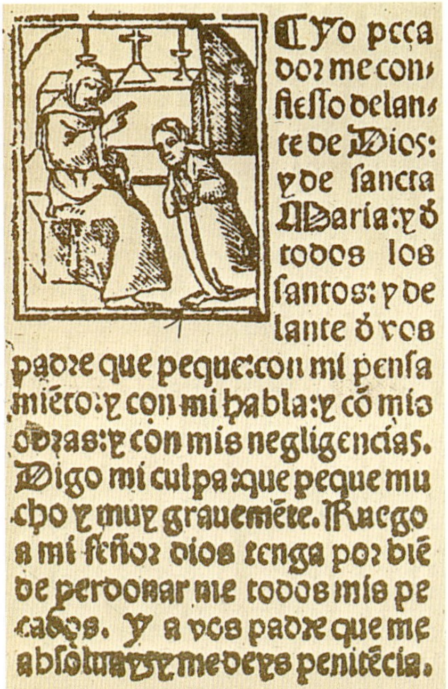
Yo peca dor me con fiesso delan te de Dios: y de sancta Maria: y de todos los santos: y de lante de vos padre que peque: con mi pensa miento: y con mi habla: y cō mis obras: y con mis negligencias. Digo mi culpa: que peque mu cho y muy grauemēte. Ruego a mi señor dios tenga por biē de perdonar me todos mis pe cados. y a vos padre que me absoluays y me deys penitēcia.

cent soixante éditions latines complètes avant 1520. De façon significative, on constate la progression rapide des traductions en langues vernaculaires : en italien (1471), en français (1473-1474), Bible de Delft en néerlandais (1477), en tchèque en 1488. Certes, la Bible complète demeure rare et chère, mais le Nouveau Testament, le psautier et des recueils d'épîtres circulent plus largement, à moindre coût.

Efforts de rénovation spirituelle : la « Devotio moderna »

Certains se tournent vers d'autres solidarités, comme les confréries, ou vers une piété plus individuelle et plus intérieure. La *Devotio moderna*, une expérience spirituelle issue de courants mystiques rhénans et qui fait appel aux sentiments plus qu'à la

Le S. Euan-gile de Ieſu Chriſt/ſelon ſainct Matthieu.

¶La genealogie de noſtre Seigneur Ieſu Chriſt: auec le mariage de la vierge Marie.

raison, exerce dans toute l'Europe une influence certaine sur les âmes pieuses dont témoigneront aussi bien Erasme que Luther et Ignace de Loyola. La diffusion de cette spiritualité qui insiste sur l'importance d'une vie conforme aux préceptes de l'Evangile et guidée par l'amour du Christ, se mesure à l'immense succès de l'*Imitation de Jésus-Christ* (au moins soixante éditions imprimées avant 1500). L'ouvrage s'ouvre sur des recommandations pour entrer dans une vie intérieure profonde : « Voulez-vous comprendre parfaitement et goûter les paroles de Jésus-Christ ? Appliquez-vous à conformer toute votre vie à la sienne. » La piété de certains cénacles dévots contraste assez avec le discrédit d'une partie de l'Eglise pour que l'orateur du clergé aux états généraux de Tours (1484) juge « les laïcs meilleurs que les gens d'Eglise ».

En diffusant à bas prix des ouvrages de piété, en assistant les pauvres, en multipliant les écoles, la *Devotio moderna* manifeste l'attention qu'elle porte à l'édification du peuple chrétien. Mais ses exigences spirituelles, bien éloignées de la religion conformiste et ritualiste ambiante, restent hors de portée du plus grand nombre.

Les humanistes redécouvrent la Bible

Dans le même temps, la critique humaniste entreprend de débarrasser les Ecritures des erreurs de traduction, des scories et des gloses afin de retrouver le texte primitif.

La redécouverte des Ecritures est accélérée par la chute de Byzance (tombée aux mains des Ottomans

Jacques Lefèvre d'Etaples occupe une place singulière dans l'évangélisme français : traducteur inlassable de la Bible (en haut, la réédition de sa traduction du Nouveau Testament de 1523), il inspire aussi bien les humanistes et les érasmiens que le cénacle assemblé autour de Marguerite de Navarre. Mais tout en aspirant au renouveau de l'Eglise, il ne rejoint jamais la Réforme. Comme lui, d'autres théologiens en Europe traduisent les Ecritures en hongrois (à gauche) et en espagnol (centre).

en 1453) provoque une diaspora de savants apportant avec eux la culture et les manuscrits grecs. De plus en plus, les lettrés s'intéressent aussi à l'hébreu. Ce retour aux sources, au texte original, ouvre immédiatement une vive polémique qui va jouer un rôle crucial dans l'histoire de la Réforme en Allemagne. La maîtrise des trois langues bibliques – latin, grec, hébreu – s'incarne dans de nouvelles institutions, car les universités

Précurseur étonnant, l'Italien Laurent Valla dénonce dès les années 1440 l'un des grands faux médiévaux censé fonder le pouvoir temporel du pape. Surtout, dans ses *Adnotationes in Novum Testamentum* (1448), il entend corriger les erreurs de traduction, le style et les expressions obscures qui entachent la traduction latine de la Bible attribuée à saint Jérome, la Vulgate.

(souvent en déclin et conservatrices) se montrent le plus souvent hostiles à ce retour aux sources. Le collège des Trois Langues de Louvain en Belgique, le collège des Lecteurs royaux de Paris et l'université d'Alcalá de Henares en Espagne voient le jour dans ce contexte. Les progrès accomplis dans l'étude des langues et dans la critique philologique et historique

Dans ses *Rudiments de la langue hébraïque* (1506), l'humaniste Jean Reuchlin permet d'accéder au texte hébreu de la Bible. Ici il triomphe de ses adversaires.

conduisent les humanistes à proposer de nombreuses corrections de la Vulgate (traduction latine de la Bible).

Le plus important réside dans l'apparition de versions nouvelles de certains livres saints, sous la plume de Lefèvre d'Etaples (*Epîtres pauliniennes* 1512), d'Erasme (Nouveau Testament, 1516) ou de Pagninus (Bible traduite de l'hébreu en 1528).

Que découvrent les humanistes dans le Nouveau Testament et surtout chez saint Paul qui les attire tant ? D'abord, l'impressionnante distance qui sépare la simplicité de l'Eglise apostolique du christianisme de la fin du XVe siècle, caractérisé par la prolifération des cérémonies, des rites et des intermédiaires entre l'homme et Dieu.

Saint Paul et ses épîtres constituent la référence obligée des humanistes et des premiers réformateurs. Paul représente aussi l'Eglise militante en face de l'Eglise institutionnelle de Pierre (dont le pape est le successeur).

Le Nouveau Testament ne doit-il pas dès lors devenir, comme le suggère Lefèvre d'Etaples, « livre de vie et seule règle des chrétiens » ? Les humanistes découvrent en même temps l'inutilité d'une partie des obligations et des gestes accomplis par les chrétiens : « Dieu opère tout en nous », écrit encore Lefèvre.

Le « pur Evangile » d'Erasme

Doctrine du « pur Evangile » à laquelle Erasme donne toute son ampleur, le *Manuel du chevalier chrétien* illustre cette quête d'une religion plus intérieure, guidée par la foi et la vraie science, alors que son *Eloge de la folie* met en scène les superstitions populaires, l'ignorance des moines, le luxe mondain des prélats et des papes et les « délicieuses niaiseries » de la théologie scolastique. Les *Colloques* ironisent sur les fidèles qui attendent de la Vierge ou des saints un époux, un bénéfice ou une bonne récolte.

L'« évangélisme » essaime partout en Europe, porté par le livre et par la République des lettres humaniste. Dès 1499, Erasme effectue un premier voyage en Angleterre au cours duquel il rencontre John Colet, le jeune Thomas More, le futur Henri VIII. Au cours de son long séjour à Cambridge de 1511 à 1515, il noue des contacts plus larges encore dans l'université, dans l'épiscopat, à la cour qui accueille favorablement l'humanisme grâce au protégé de la reine, Juan Vivès, et à l'évêque John Fischer. Bien qu'Erasme n'ait jamais répondu à l'invitation du cardinal Cisneros, son influence grandit en Espagne.

En France, le prestige d'Erasme et la faveur d'une partie de la cour facilitent la diffusion de l'évangélisme. A partir de 1518, Guillaume Briçonnet, destiné à une carrière prestigieuse (il est évêque de Lodève et de Meaux, abbé de Saint-Germain-des-Prés), accorde un intérêt nouveau à l'administration et à l'évangélisation de son diocèse de Meaux. Il nomme Lefèvre d'Etaples vicaire général et il fait appel aux disciples de celui-ci, Gérard Roussel, François Vatable et Guillaume Farel notamment, qui répandent la doctrine du « pur Evangile » et simplifient peu à peu le culte en récitant les prières en français ou en abandonnant la vénération des images et des saints.

Erasme (1467-1537) jouit dans toute l'Europe d'un grand prestige. Charles Quint le nomme conseiller; Paul III lui propose d'être cardinal; Luther lui-même croit au début qu'ils partagent les mêmes convictions. Pourtant, Erasme se refuse à rompre avec Rome, en partie parce qu'il estime «qu'on progresse mieux par la réserve et la modération que par les éclats» (lettre à Luther, 1519). Ci-dessus, une illustration de l'*Eloge de la folie*.

Le franciscain Ximenez de Cisneros (à gauche), confesseur d'Isabelle la Catholique, puis archevêque de Tolède, grand inquisiteur, cardinal, deux fois régent du royaume, incarne le redressement de l'Eglise espagnole au début du XVIe siècle et son ouverture humaniste. Fondateur de l'université d'Alcalá de Henares en 1508, il contribue à introduire les idées d'Erasme en Espagne.

L'expérience inquiète les religieux de Meaux, les cordeliers tout d'abord, puis la Sorbonne et le parlement de Paris, extrêmement traditionnalistes, d'autant qu'arrivent en France les idées autrement plus menaçantes d'un moine augustin allemand dressé contre l'Eglise romaine : Martin Luther. Le groupe de Meaux est dispersé en 1525 et Guillaume Briçonnet renonce à ses ambitions rénovatrices.

Erasme (ci-dessus) va s'éloigner de plus en plus de Luther, qu'il finit par réfuter en 1524.

Sans être le commencement absolu que l'on a parfois décrit, la révolte de Luther revêt une importance toute particulière, car elle s'inscrit à la fois dans un destin personnel exemplaire et dans un contexte politique précis, qui va lui donner un grand retentissement. Moine zélé et déçu, théologien de talent, réformateur improvisé et inquiet, politique avisé et prudent, Martin Luther a dessiné le visage de la Réforme, avec ses succès et ses ambiguïtés.

CHAPITRE II
LUTHER ET LA RÉFORME

A partir de 1520, le peintre Lucas Cranach réalise d'innombrables portraits du réformateur (à gauche) et de ses proches. Mais la pensée de Luther se répand surtout par le livre (à droite, son Catéchisme allemand).

Martin Luther est né en 1483 à Eisleben, en Saxe, dans cette Allemagne orientale restée un peu en marge des grands bouleversements économiques et intellectuels qui touchent l'espace rhénan et l'Allemagne du Sud. Il poursuit de solides études, à Magdebourg, puis à Eisenach. En 1501, il entre à l'université d'Erfurt où il est reçu maître en philosophie quatre ans plus tard. Il s'apprête à commencer des études de droit, mais à la suite de plusieurs épisodes dramatiques – surpris par un orage, il fait le vœu, s'il survit, de devenir moine –, il entre au couvent des augustins d'Erfurt, malgré l'hostilité de son père. Chez les augustins, il s'intègre à une élite de la spiritualité fort éloignée des maisons relâchées ou médiocres que l'on pouvait rencontrer ailleurs.

Frère Martin

Plus tard, Luther s'est décrit comme un moine zélé, studieux, pieux et obéissant, mais aussi tourmenté et inquiet, que les exercices et les mortifications ne parviennent pas à apaiser. Rongé comme beaucoup de ses contemporains par l'angoisse du salut, frère Martin tremble à la pensée de devoir comparaître devant le Juge suprême. De ses frayeurs, il s'ouvre à son supérieur Staupitz qui le prend sous sa protection et l'engage à faire de nouvelles lectures. Au cours de celles-ci, Luther découvre l'enseignement du philosophe Gabriel Biel (mort en 1495), inspiré de la doctrine du franciscain anglais Guillaume d'Ockham (Occam) qui n'apaise en rien ses craintes mais exacerbe au contraire le problème du salut. En effet, le maître allemand reconnaissait à la fois la liberté de l'homme, capable d'agir pour son propre salut au moyen de sa volonté et de sa raison, et l'absolue transcendance de Dieu. Comment alors savoir si

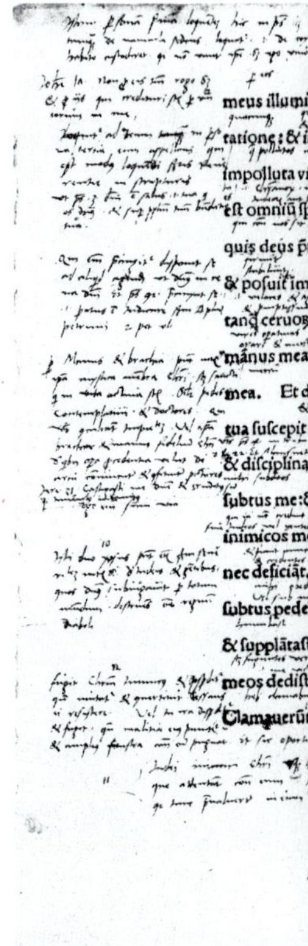

La personnalité du jeune moine Luther est l'objet de controverses et d'hésitations. Le réformateur lui-même a laissé une image brouillée. Ce qui frappe pourtant, c'est l'intense activité intellectuelle de l'augustin.

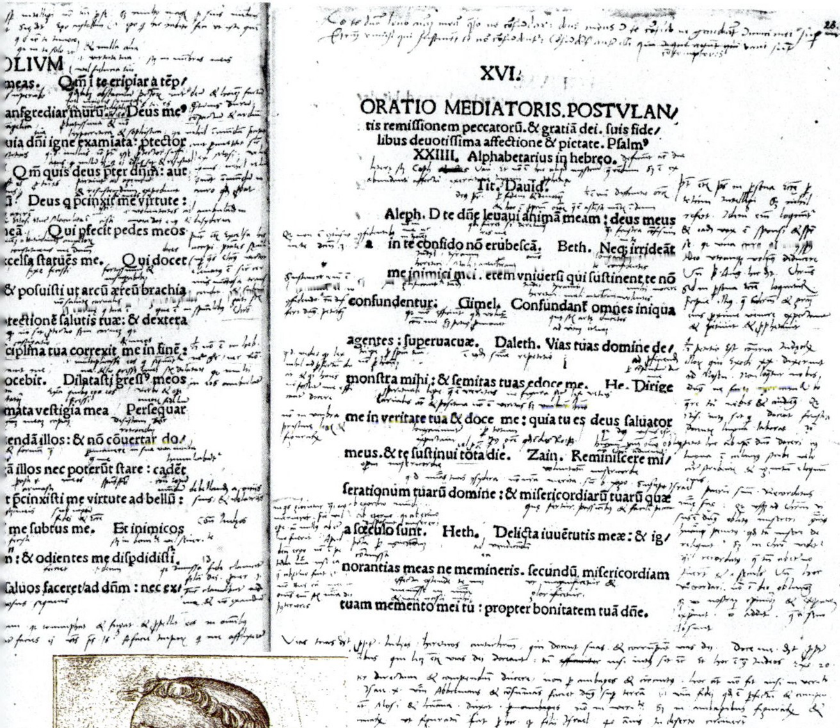

XVI.

ORATIO MEDIATORIS. POSTVLANTIS remissionem peccatorũ. & gratiã dei. suis fidelibus deuotissima affectione & pietate. Psalm⁹ XXIIII. Alphabetarius in hebreo.

Tit. Dauid.

Aleph. D te dñe leuaui animã meam: deus meus in te confido nõ erubescã. Beth. Neq; irrideãt me inimici mei. etem vniuersi qui sustinent te nõ confundentur. Gimel. Confundant omnes iniqua agentes: superuacuæ. Daleth. Vias tuas domine demonstra mihi: & semitas tuas edoce me. He. Dirige me in veritate tua & doce me: quia tu es deus saluator meus. & te sustinui tota die. Zain. Reminiscere miserationum tuarũ domine: & misericordiarũ tuarũ quæ a sæculo sunt. Heth. Delicta iuuẽtutis meæ: & ignorantias meas ne memineris. secundũ misericordiam tuam memento mei tu: propter bonitatem tuã dñe.

le chrétien se conforme aux intentions divines en accomplissant de bonnes œuvres et si Dieu acceptera celles-ci ? Comment concilier dans l'économie du salut la toute-puissance de Dieu avec son rôle de comptable des mérites humains ? En séparant le domaine de la nature et celui de Dieu, sans définir assez la grâce, la philosophie (occamisme) de Biel désespère Luther.

En octobre 1516, Luther se plaint d'être surchargé de travail : « Je suis prédicateur conventuel, lecteur à table, [...] je suis régent d'études, je suis vicaire, [...] je suis lecteur de saint Paul ». Il jouit de la confiance de Staupitz (à gauche, frontispice de son livre sur l'amour de Dieu) et se plonge dans l'Ecriture (ci-dessus, les Psaumes annotés par Luther).

L'apaisement définitif ne vient qu'au terme d'un patient cheminement spirituel qui conduit Luther à rapprocher plusieurs textes de l'Epître aux Romains (« La justice de Dieu est révélée dans l'Evangile » et des Psaumes (« Libère-moi selon ta justice »). L'expression « justice de Dieu » ne désigne-t-elle que le tribunal devant lequel le chrétien devra comparaître ? A en croire son propre récit daté de 1545, Luther découvre, vraisemblablement un jour de 1513, le sens de ces textes qui le préoccupent tant : « Enfin Dieu me prit en pitié. Pendant que je méditais jour et nuit et que j'examinais l'enchaînement de ces mots : "la justice de Dieu est révélée dans l'Evangile, comme il est écrit : le juste vivra par la foi", je commençais à comprendre que la justice de Dieu signifie la justice que Dieu donne. »

Le retable d'Isenheim (1505-1516) résume les traits de la piété de la fin du Moyen Age comme le rôle des intercesseurs.

Le culte luthérien accorde une place considérable au chant des cantiques et à la prédication, comme le montre cette prédelle de Lucas Cranach (à gauche). On y découvre aussi une indication précieuse sur la teneur du sermon : la « théologie de la croix » et l'explication de ce que signifie exactement le sacrifice du Christ. Il ne s'agit plus seulement de méditer sur les souffrances du Christ (comme le retable d'Isenheim) ou de prendre celui-ci pour modèle (c'est le cas chez les humanistes), mais de le recevoir comme un don, comme Sauveur qui opère en nous. « Il faut, écrit Luther, qu'on le prêche à la seule fin de susciter la foi en Lui. » Luther, que l'on voit ici prêchant avec la Bible ouverte, définit ainsi les qualités requises pour prêcher : « être capable d'enseigner les gens avec une belle rigueur et une belle méthode ; avoir la tête bien faite ; être éloquent ; avoir une bonne voix, une bonne mémoire; savoir s'arrêter ; être sûr de son fait et y mettre tout son zèle ; risquer sa santé et sa vie, son bien et son honneur ; se laisser tourmenter et tourner en ridicule par n'importe qui. »

« Toi, Seigneur Jésus, tu es ma justice, mais moi je suis ton péché »

La découverte de la miséricorde divine conduit Luther à élaborer au cours des années suivantes une théologie neuve. L'homme, irrémédiablement corrompu par le péché, est incapable de vouloir par lui-même faire le bien : en accomplissant des bonnes œuvres, que lui dicte son intérêt ou son orgueil, il se berce d'une fausse sécurité qui l'éloigne d'autant plus de son salut qu'il croit y concourir. Dieu pardonne gratuitement au pécheur, en le revêtant de sa justice grâce à la médiation du Christ rédempteur. L'homme, en même temps justifié et pécheur (*simul justus et peccator*), doit s'en remettre à Dieu dans la foi. Retournant à son étude de la Bible, Luther précise alors sa pensée et arrive à une première définition de la justification par la foi. C'est la foi seule qui sauve, car elle permet au chrétien de recevoir la parole de Dieu et de s'y soumettre, malgré ses péchés.

Les 95 thèses de 1517 (ici une gravure du XIXe siècle représente Luther les affichant sur la porte de l'église de Wittenberg) portent pour l'essentiel sur la question des indulgences, mais certaines d'entre elles comportent une critique plus vaste de la papauté (ci-dessous).

Cette doctrine, encore en gestation et neuve malgré ses réminiscences et ses emprunts, et la certitude intérieure qu'elle offre à Luther ne le conduisent cependant pas à rompre avec l'Eglise établie. L'augustin déploie au contraire une activité débordante : vicaire général de son ordre pour le district de Wittenberg, il prêche au couvent et dans les églises de la ville tout en écrivant et en poursuivant ses cours à l'université. C'est l'affaire des indulgences qui précipite la rupture avec Rome et contraint Luther à donner un prolongement ecclésiologique à sa doctrine.

L'affaire des indulgences

Début 1514, Albert de Brandebourg, archevêque de Magdebourg et administrateur du diocèse d'Halberstadt, annonce sa candidature au siège archiépiscopal de Mayence. Pour l'emporter, il doit prendre de très lourds engagements financiers qui l'amènent à faire appel aux puissants banquiers d'Augsbourg, les Fugger. Rome autorise alors le nouvel archevêque à faire prêcher une indulgence dont le produit servira pour moitié à la construction de la basilique Saint-Pierre et pour moitié au remboursement des Fugger. Confiée au dominicain allemand Tetzel, la campagne d'indulgence s'ouvre dès 1515. Avec des procédés de bateleur, Tetzel propose, moyennant obole, le libre choix du confesseur, la sortie des âmes du purgatoire ou la rémission complète de tous les péchés à ceux qui se seront confessés et auront visité au moins sept églises.

Luther s'indigne. Le 31 octobre 1517, il adresse 95 thèses sur les indulgences au nouvel archevêque de Mayence. Maniant tour à tour l'ironie, le paradoxe et la violence, Luther y développe deux grandes critiques, contre la sécurité trompeuse que le peuple chrétien croit obtenir avec les indulgences et contre l'extension du pouvoir pontifical sur le purgatoire. La thèse 5 s'en prend explicitement aux prétentions du pape en la matière en soulignant que « le pape ne veut ni ne peut remettre (i.e. pardonner) d'autres peines que celles qu'il a imposées lui-même », alors que la thèse 49 souligne les dangers des pardons du pape qui sont « nuisibles au plus haut degré s'ils font perdre la crainte de Dieu ».

Ces 95 thèses précipitent Luther dans une dynamique politique qui va mener à la rupture avec Rome et parfois le dépasser lui-même. A son corps défendant, peut-être, le théologien devient réformateur. En effet, les thèses s'ébruitent très vite car Albert de Brandebourg les communique à Rome et à Tetzel qui préparent leur riposte, pendant que les amis et élèves de Luther les recopient et les font imprimer.

Mais dans ces années cruciales qui vont de 1518 à 1520, l'Allemagne vit une

Luther s'élève également contre les exigences financières relayées par des banquiers comme Jacob Fugger (ci-dessous) dans son bureau d'Augsbourg.

« Pourquoi le pape, dont le sac est aujourd'hui plus gros que celui des plus gros richards, n'édifie-t-il pas au moins cette basilique de Saint-Pierre avec ses propres deniers, plutôt qu'avec l'argent des pauvres fidèles ? » (thèse 86)

manière d'interrègne. La préparation de sa succession oblige l'empereur Maximilien, comme le pape Léon X, à ménager Frédéric le Sage, prince-électeur de Saxe, qui vient de prendre Luther sous sa protection – en effet, l'empereur est élu par sept princes dont le rôle politique dépasse donc celui des autres dynastes de l'Empire.

Jusqu'en 1520, les adversaires de l'augustin de Wittenberg se bornent à l'affrontement intellectuel : au printemps 1518, le chapitre des augustins réuni à Heidelberg n'obtient pas la rétractation de Luther, pas plus que le cardinal Cajetan, théologien italien de renom, qui débat longuement avec lui à l'automne. Dans l'été 1519, à Leipzig cette fois (d'où le nom de dispute de Leipzig), Jean Eck, vice-chancelier d'Ingolstadt, attire Luther sur le terrain ecclésiologique et l'amène à récuser le magistère doctrinal de l'Eglise. Désormais, les ponts sont coupés.

La rupture avec Rome

La bulle pontificale *Exsurge Domine* qui condamne 41 des propositions de Luther et ordonne à celui-ci de se soumettre dans les soixante jours sous peine

Refusant de comparaître en jugement à Rome, Luther accepte de rencontrer à Augsbourg le théologien le plus prestigieux du moment, Thomas de Vio, dit Cajetan, qui espère le ramener dans le droit chemin par le dialogue.
La confrontation qui porte sur tous les sujets essentiels (indulgences, autorité du pape et de l'Ecriture) ne donne pas le résultat escompté. Luther, au contraire, précise ses positions. Il s'en remet au jugement des universités et d'un concile de réforme, mais sa méfiance envers la papauté s'accroît. Le pape serait-il l'Antéchrist?

d'excommunication est publiée en novembre 1520 en Allemagne; un mois plus tard, à Wittenberg, Luther brûle publiquement un exemplaire de la bulle et plusieurs volumes de droit canon.

L'offensive politique n'obtient pas plus de succès. Convoqué par le nouvel empereur, petit-fils de

A Wittenberg, le 10 décembre 1520, avec l'aide d'étudiants, Luther brûle des livres de droit ecclésiastique et la bulle qui le condamne.

Maximilien, Charles Quint, à la diète de Worms au printemps 1521, Luther refuse de se rétracter : « Tant que ma conscience est captive de la parole de Dieu, je ne puis ni ne veux rien rétracter, car il n'est ni sûr ni salutaire d'agir contre sa conscience. Que Dieu me soit en aide. Amen. » Il est mis au ban de l'empire, mais sur le chemin du retour à Wittenberg, des soldats de Frédéric de Saxe simulent son enlèvement pour le mettre en sécurité au château de la Wartburg où il reste caché près d'un an.

En matière doctrinale aussi, la rupture est

consommée. Au cours de l'année 1520, Luther publie une série d'ouvrages qui rassemblent et précisent les fondements de sa doctrine et de son enseignement. En juin paraît son sermon *Des bonnes œuvres*, en août son *Manifeste à la noblesse chrétienne de la nation allemande*, en octobre la *Captivité babylonienne de l'Eglise* et en novembre le traité *De la liberté du chrétien*. Bien que dissemblables dans leur ton et dans leur contenu, ces ouvrages concourent à une critique d'ensemble de l'Eglise romaine, de ses sacrements et de son sacerdoce hiérarchique. A l'Eglise visible, institution humaine, Luther oppose l'Eglise invisible, communion des croyants recevant la parole de Dieu, fondée sur le sacerdoce universel : « Tous les chrétiens

L'année 1521 est décisive pour Luther que le nouvel empereur (ci-dessous sceau et signature

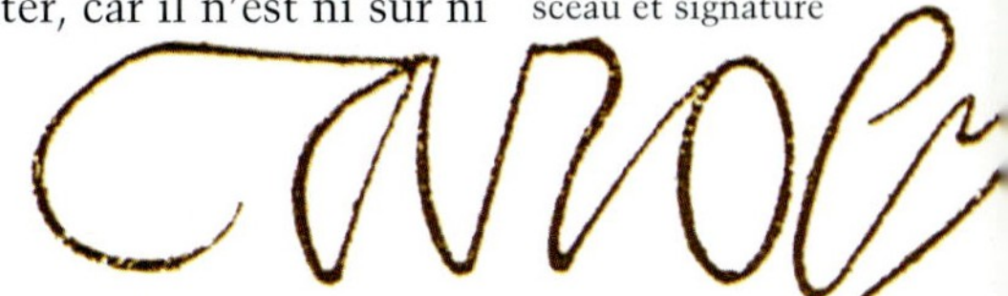

de Charles Quint) convoque devant la Diète réunie à Worms. Le 17 avril, il paraît devant l'empereur (à gauche) qui lui laisse un jour pour se rétracter et renier ses écrits. Luther hésite, prie toute la nuit, mais fait front et refuse de céder.

appartiennent vraiment à l'état ecclésiastique. Il n'existe entre eux aucune différence. [...] Ce sont le baptême, l'Evangile et la foi qui seuls forment l'état ecclésiastique ». La critique théorique s'accompagne d'un vaste programme de réformes qui prévoit l'abrogation des vœux perpétuels, du célibat des prêtres, des messes des morts et des indulgences.

Luther ne doit son salut qu'au soutien indéfectible de protecteurs puissants, comme Frédéric le Sage (à gauche). Le prince-électeur de Saxe, en effet, lui offre un refuge dans son château où Luther se faisait passer pour un certain chevalier Georges (ci-dessous).

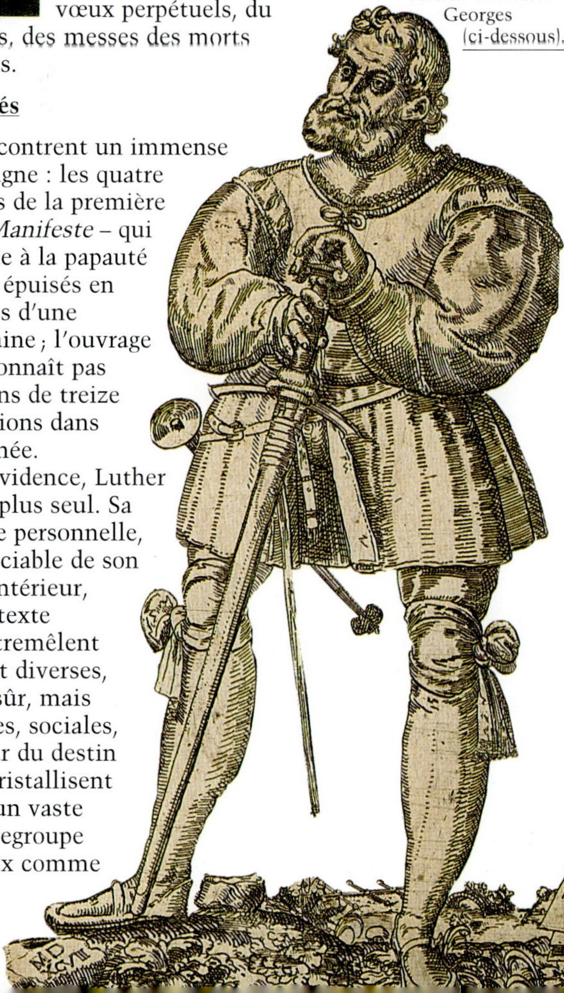

Convertis et ralliés

Ces ouvrages rencontrent un immense succès en Allemagne : les quatre mille exemplaires de la première édition du *Manifeste* – qui s'attaque à la papauté – sont épuisés en moins d'une semaine ; l'ouvrage ne connaît pas moins de treize éditions dans l'année.

A l'évidence, Luther n'est plus seul. Sa révolte personnelle, indissociable de son drame intérieur, rencontre un contexte favorable où s'entremêlent des ambitions fort diverses, spirituelles bien sûr, mais aussi économiques, sociales, politiques. Autour du destin d'un homme se cristallisent les aspirations d'un vaste mouvement qui regroupe d'anciens religieux comme Bucer, le futur réformateur de

ORAVIT, DOCVIT, CHRISTVS, FIT VICTIMA, VICTOR

DAs newe Testament.

auffs new zugericht.

I.N.R.I.

Doct: Mart: Luth:

Witeberg.

Gedruckt durch Hans Lufft.

1 5 4 6.

Das Erste buch Mose. I

Das Erst Capitel.

AM anfang schuff Gott himel vnnd erden/vnd die erde war wüst vnd leer/vñ es war finster auff der tieffe/vnd der wind Gottes schwebet auff dem wasser.

Vnd Gott sprach/Es werde liecht / Vnd es ward liecht/ vnnd Gott sahe das liecht für gut an / Da scheydet Gott das liecht vom finsterniß/vnd nennet das liecht/Tag/vñ die finsternis/Nacht/Da ward auß abend vñ morgẽ der Erste tag

Vnd Gott sprach/ Es werde eine feste zwisschen den wassern/vñ die sey eyn vnterscheyd zwisschen den wassern/Da machet Gott die feste/vñ scheydet das wasser vnter der festen/von dem wasser über der festen/ vñ es geschach also/vñ Gott nennet die festen hymel. Da ward auß abend vñ morgen der Ander tag

Vnd Gott sprach/Es samle sich das wasser vnter dem hymel/an söndere örter das man das trucken sehe/vñ es geschach also/ Vnd Gott nennet das trucken/Erde/ vnd die samlung der wasser nennet er/Meere/vnd Gott sahe es für gut an.

Vnd Gott sprach/Es lasse die erde auffgehen graß vñ kraut / das sich besame/ vnd fruchtbare bewme/ da eyn yeglicher nach seiner art frucht trage/vnd hab seinen eygen samen bey jm selbs / auff erden/vnd es geschach also/Vnd die erde ließ auffgehen/graß vnd kraut/das sich besamet/eyn yglichs nach seiner art/vnd bewme die da frucht trugen/vnd jren eygen samen bey sichselbs hätten/ ein yglicher nach seyner art. Vnd Gott sahe es für gut an / Da ward auß abend vnd morgen der Dritte tag.

Vnd Gott sprach/Es werden liechter an der feste des himels/vnd scheyden tag vnd nacht/vñ seyen zu zeichen/zeyttungen/tagen vnd iaren/ vnd seyen liechter an der

Vnd Gott sprach/Es samle sich das wasser vnter dem hymel/an söndere örter das man das trucken sehe/vñ es geschach also/ Vnd Gott nennet das trucken/Erde/ vnd die samlung der wasser nennet er/Meere/vnd Gott sahe es für gut an.

Vnd Gott sprach/Es lasse die erde auffgehen graß vñ kraut / das sich besame/ vnd fruchtbare bewme/ da eyn yeglicher nach seiner art frucht trage/vnd hab seinen eygen samen bey jm selbs / auff erden/vnd es geschach also/Vnd die erde ließ auffgehen/graß vnd kraut/das sich besamet/eyn yglichs nach seiner art/vnd bewme die da frucht trugen/vnd jren eygen samen bey sichselbs hätten/ ein yglicher nach seyner art. Vnd Gott sahe es für gut an / Da ward auß abend vnd morgen der Dritte tag.

Vnd Gott sprach/Es werden liechter an der feste des himels/vnd scheyden tag vnd nacht/vñ seyen zu zeichen/zeyttungen/tagen vnd iaren/ vnd seyen liechter an der

Vnd Gott sprach/Es samle sich das wasser vnter dem hymel/an söndere örter das man das trucken sehe/vñ es geschach also/ Vnd Gott nennet das trucken/Erde/ vnd die samlung der wasser nennet er/Meere/vnd Gott sahe es für gut an.

Le traducteur de la Bible en allemand

En travaillant sans relâche dans sa retraite de la Wartburg, Luther peut faire paraître dès 1522 sa traduction du Nouveau Testament. Douze années s'écoulent avant l'édition de la Bible complète en allemand, malgré l'aide que Luther reçoit de Melanchthon et de Georges Spalatin notamment. La Bible paraît chez Hans Luft à Wittenberg, avec des illustrations de Cranach et l'approbation du prince-électeur de Saxe (à gauche édition de 1546). Luther définit ainsi ses choix de vocabulaire : « Je ne m'en tiens pas à une langue allemande particulière, mais je parle celle de tout le monde » (ci-contre le début de l'Ancien Testament, noter l'absence de Dieu dans l'illustration ; en haut traité sur le baptême).

Teütscher

Adel.

A den Christēli-
chen Adel teütscher Na-
tion: von des Christenli-
chen stands besserung.
D. Martinus
Luther.

wittenberg.

An den Christli-
chen Adel deutscher Nation
von des Christlichen standes besserung.
D. Martinus Luther

Ein Freihait des
Sermons Bebst-
lichen ablas vnnd
gnad belangent
Doctoris Mar
tini Luther
wider die vorle-
gung / so zur
schmach sein
vnd desselbe
Sermon
erdicht:
etc.

Parmi les grands écrits réformateurs de 1520, le petit *Manifeste à la noblesse allemande* connut un succès considérable et donc de multiples rééditions. Luther y dénonce les prétentions, la pompe et la fiscalité excessives de la curie romaine. « J'y traite fort rudement le pape et presque comme je le ferais pour l'Antéchrist » confie-t-il à un ami. C'est dans cet ouvrage aussi qu'il jette les fondements de la théorie du sacerdoce universel en reconnaissant à chaque chrétien la possibilité de comprendre l'Ecriture et en contestant les prérogatives des clercs : « Puisque nous sommes tous prêtres et que nous avons une seule foi, un Evangile, une seule sorte de sacrements, comment n'aurions-nous pas aussi le pouvoir d'apprécier et de juger le vrai et le faux dans le domaine de la foi ? »

Strasbourg, ou Zwilling, des humanistes comme Melanchthon, des chevaliers d'empire comme Ulrich von Hutten, des marchands et des princes : Frédéric le Sage prend Luther sous sa protection indéfectible, refusant notamment que celui-ci soit jugé par un non-Allemand (et donc à Rome). A l'autre extrême, les pauvres et les paysans se montrent sensibles au contenu social du message luthérien, à la critique des privilèges du clergé, aux espoirs de réorganisation de l'assistance publique : l'une des 95 thèses de 1517 n'affirme-t-elle pas qu'« il faut enseigner au chrétien que celui qui, voyant un prochain dans le besoin, le néglige pour acheter des indulgences, ne s'achète pas l'indulgence du pape, mais l'indignation de Dieu ». A côté d'attentes spirituelles sincères, nationalisme, anticléricalisme, haine de Rome, convoitises sur les biens du clergé prédisposent de larges pans de la société allemande à accueillir, mais aussi à déformer, le message luthérien.

Ce *Triomphe de la Vérité* daté de 1520 imite une procession : en tête, l'arche de l'Ecriture portée par les prophètes et les patriarches ; le chevalier Ulrich von Hutten marche derrière en traînant un groupe de prisonniers où l'on aperçoit le pape, un cardinal, un évêque, des adversaires de Luther. En fin de cortège, le Christ siège sur le char, précédé par Carlstadt (réformateur radical) et Luther ainsi présentés comme les grands acteurs de ce triomphe.

La propagande luthérienne

La signature de Luther, ci-dessus.

Tandis que Luther est protégé en secret à la Wartburg, où il s'emploie à traduire le Nouveau Testament en allemand, ses idées n'en continuent pas moins de se répandre grâce au zèle de ses disciples et grâce à une propagande multiforme. L'imprimé y joue un rôle important (111 nouveaux titres paraissent en allemand en 1519 ; près de 500

Ce tableau célèbre de Cranach, daté de 1543 environ, représente le prince-électeur de Saxe, Jean-Frédéric (fils de Frédéric le Sage), accompagné des réformateurs de Wittenberg. De gauche à droite, au premier rang, on reconnaît facilement Luther, Georges Spalatin (théologien et humaniste proche de Luther), le prince-électeur, Georg Brück (conseiller politique du prince) et Philippe Melanchthon. En plaçant Jean-Frédéric en position centrale, ce portrait de groupe illustre fort bien l'importance qu'a revêtu l'engagement de la Saxe en faveur de la Réforme. Un engagement qui ne s'est jamais démenti, de Frédéric le Sage, premier protecteur de Luther à Jean-Frédéric, adversaire résolu de la politique religieuse de Charles Quint.

en 1523 dont les quatre cinquièmes concernent la Réforme), mais la proportion de lecteurs reste néanmoins assez faible, même dans les villes rhénanes. Aussi la diffusion des idées luthériennes emprunte-t-elle d'autres voies, sous l'impulsion, par exemple, de prédicateurs comme Bucer à Strasbourg, Pellican à Bâle, Myconius à Gotha ou Prugner à Mulhouse qui propagent le message évangélique, parfois altéré, devant des foules toujours plus importantes.

Musique et arts figuratifs sont mis à contribution afin de toucher les gens simples qui n'ont pas accès à l'écrit : dès 1523, Luther compose des cantiques en langue allemande publiés sous forme de feuilles volantes et chantés de ville en ville. Les images de Luther se multiplient elles aussi grâce à ces feuilles bon marché et faciles à comprendre. La sanctification populaire de Luther n'est pas rare et le légat pontifical Aleander rapporte qu'à Worms, en 1521,

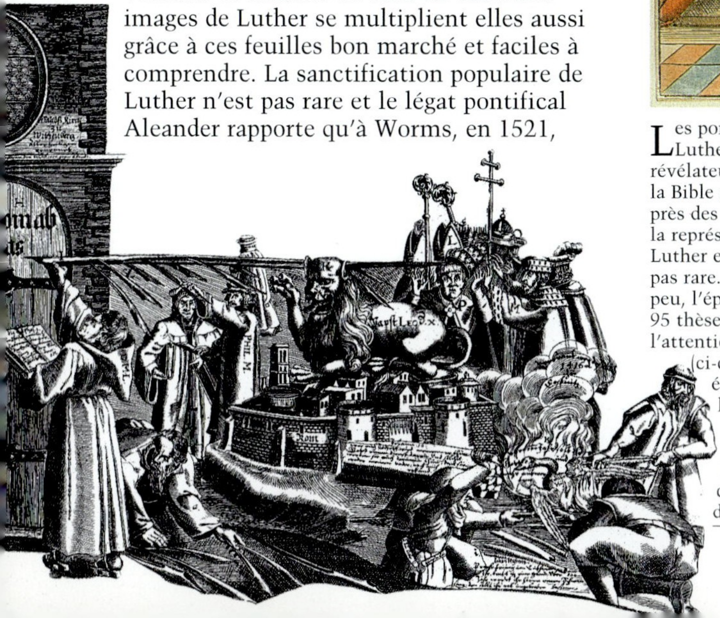

Les portraits de Luther sont révélateurs (en haut) : la Bible apparaît dans près des deux tiers et la représentation de Luther en saint, n'est pas rare. Mais peu à peu, l'épisode des 95 thèses retient l'attention des artistes (ci-contre) : en écrivant sur la porte de l'église de Wittenberg, Luther fait chuter la tiare du pape.

un homme soutint en public que Luther était sans péché. A l'inverse, le clergé catholique est ridiculisé par les innombrables caricatures de prélats incultes, de moines cupides et libidineux, de papes-antéchrist et de mauvais pasteurs abandonnant leur troupeau dans les épreuves.

La vraie et la fausse Eglise. A gauche, Luther prêche avec la Bible ouverte devant lui ; du doigt il montre l'agneau de Dieu. En bas, les sacrements luthériens : cène et baptême. A droite, un moine prêche sous l'inspiration du diable et sans la Bible ; au premier plan le pape vend des indulgences avec l'aide d'une nonne ; Dieu envoie le feu de sa colère sur cette fausse Eglise.

L'expansion du luthéranisme

Peu à peu, l'Allemagne est gagnée par la Réforme, d'autant qu'en l'absence de l'empereur (dont les possessions dynastiques s'étendent aussi au-delà de l'Empire et notamment sur les Espagnes depuis 1516), l'exécutif collégial (*Reichsregiment*) et les diètes se montrent indécis ou incapables d'endiguer le mouvement évangélique. Trois diètes se réunissent à Nuremberg entre 1522 et 1524, mais elles ne

C'est une métaphore courante que de décrire l'Eglise et le peuple de Dieu comme un vignoble qu'il convient de cultiver avec soin. Mais ici, dans cette œuvre de Lucas Cranach, le vignoble est coupé en deux. D'un côté, le pape, les cardinaux, les évêques et l'ensemble du clergé l'exploitent à outrance et le détruisent. Ils quittent l'enclos sur un échec sous le regard réprobateur du Christ et des apôtres. De l'autre, Luther (qui manie le râteau au premier plan) et ses partisans (on reconnaît Melanchthon près du puits) entretiennent véritablement le vignoble et le font fructifier. Ce thème, que l'on retrouve souvent dans l'art luthérien, permet en fait d'aborder deux points importants : les devoirs du bon pasteur, mais aussi la question délicate de la présence réelle du sang du Christ dans le vin de la Cène.

Zwingli (ci-contre) ouvre parallèlement à Luther une autre perspective de Réforme. Humaniste brillant et prêtre fervent, il a, certes, entendu parler de la révolte de Luther, mais il n'en suit pas moins un chemin distinct et original. Le nom de Luther « m'était encore inconnu deux ans après que j'eusse choisi l'Ecriture comme source unique », écrit-il. Contrairement au réformateur allemand, avec lequel les relations vont se détériorant, il insiste sur la prédestination des élus et le caractère symbolique des sacrements. La cène n'est qu'une commémoration symbolique du dernier repas de Jésus, sans réelle présence du Christ dans le pain et le vin. Luther, scandalisé, qualifie les zwingliens de « sacramentaires ».

prennent pas de décision claire et s'en remettent à un hypothétique concile général. Très vite, la ville de Constance refuse d'appliquer l'édit de Worms condamnant Luther, imitée en cela par Erfurt, Magdebourg, Brême, Nuremberg…

Mais cette conquête est progressive : ouverte par la pénétration des imprimés, accélérée par les prêches et les premières altérations de la messe – importance accrue de la prédication, abandon du latin, refus du caractère sacrificiel de la messe –, elle s'achève par l'abolition définitive de celle-ci et par l'organisation officielle du nouveau culte. A Strasbourg, la rupture avec le catholicisme s'étend ainsi sur dix ans, des premières éditions de Luther à l'interdiction de la messe (1529). A Wittenberg même, Luther s'inquiète des excès commis par ceux qui profitent de son absence pour promouvoir une réforme rapide et radicale, perturber les cérémonies catholiques, briser

Dans le sillage de Zwingli et de Carlstadt, la Réforme radicale qui voit le jour bouscule les positions de Luther. Les mouvements iconoclastes (en haut gravure satirique d'Erhard Schön, 1530) touchent un grand nombre de villes (Zürich, Constance, Bâle, Ulm, Strasbourg, Münster) : statues, peintures et croix sont enlevées des églises et souvent détruites. Surtout, Thomas Müntzer, prédicateur exalté, émeut les foules paysannes avec sa théologie spiritualiste et millénariste qui laisse espérer une libération des élus et la fin des autorités hiérarchiques (ci-dessous).

les images et les autels, célébrer la cène au lieu de la messe en latin. Il revient en hâte sur place en mars 1522 pour rétablir l'ordre et faire expulser les initiateurs des troubles, notamment Carlstadt, Thomas Müntzer et Zwilling. Dénonçant les « prophètes », Luther rétablit, pour un temps, la messe et les vêtements liturgiques.

Une autre voie : Zwingli et la Réforme humaniste

En Allemagne du Sud et dans les cantons suisses, la Réforme progresse également mais sous l'influence d'Ulrich Zwingli et non de Luther. Ce montagnard né en 1484 (un an après Luther), qui a fait d'excellentes études et fréquenté les cercles d'humanistes de Bâle, obtient en 1518 la charge de prédicateur de la cathédrale de Zürich. Il exerce dès lors une influence décisive sur le destin de la petite république par ses sermons qui dénoncent les bonnes œuvres inutiles et réclament la purification du culte. Dès 1521, il obtient des autorités de la ville que l'Ecriture soit le seul guide des

prédicateurs. En 1522-1523, une série de débats publics (sur la prédication, le rôle des images religieuses, le droit des magistrats municipaux à intervenir en matière doctrinale) assurent le triomphe de ses idées et amorcent une réforme profonde du culte. Très rapidement, tout sacerdoce hiérarchique est aboli au profit des autorités civiles qui se voient confier un rôle important. Dès 1525, la messe est supprimée et remplacée par la nouvelle liturgie. Le modèle zwinglien est adopté, non sans nuances, dans de nombreuses villes comme à Berne en 1528 ou à Bâle en 1529.

La guerre des Paysans de 1525 se situe dans la continuité des troubles agraires de la fin du Moyen Age (à gauche),

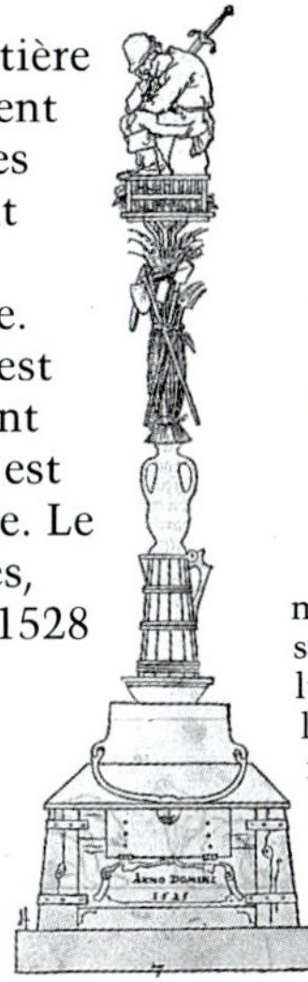

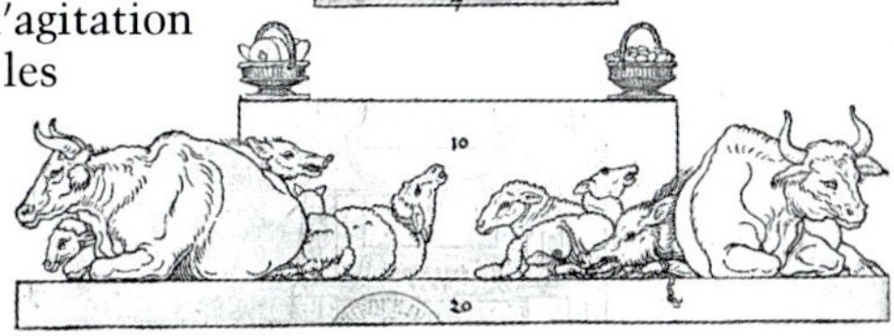

mais sa violence suscite l'émotion ; ici, le projet de monument commémoratif de Dürer en 1525.

La guerre des Paysans : « Le Maître veut agir, l'heure des méchants est arrivée » (Thomas Müntzer)

La hâte et les excès des « prophètes » de Wittenberg ont révélé à la fois l'agitation qui s'empare de l'Allemagne et les dissensions radicales au sein même du mouvement évangélique. Dès 1524-1525, elles réapparaissent au grand jour, de façon dramatique.

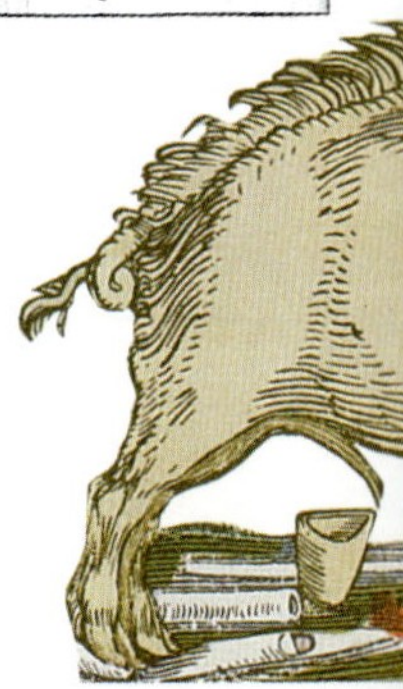

A l'époque où s'accomplit la rupture avec l'humanisme lorsque Erasme publie contre Luther un traité sur le libre arbitre, ce dernier assiste impuissant au réveil des troubles agraires qui secouent régulièrement l'Allemagne. La révolte, née en juin 1524 en Forêt-Noire, à propos d'une affaire de corvée, s'étend à la Souabe, à l'Allemagne du Sud, à l'Alsace, à la Thuringe et à la Saxe et se dote d'un programme en douze articles qui mêle revendications sociales et religieuses. Le dernier article, notamment, se réfère à Luther en faisant de

« la sainte Ecriture, la seule autorité que voulaient suivre les paysans ». Ainsi sollicité, le réformateur recherche d'abord la conciliation dans son *Exhortation à la paix*. Mais en Thuringe, la révolte paysanne subit l'influence exaltée de Thomas Müntzer et les rumeurs de violences se font de plus en plus insistantes. Luther prend alors le parti de la répression : « Frappez, égorgez », enjoint-il aux princes et aux nobles qui, en mai 1525, écrasent dans le sang la révolte paysanne. Müntzer est décapité.

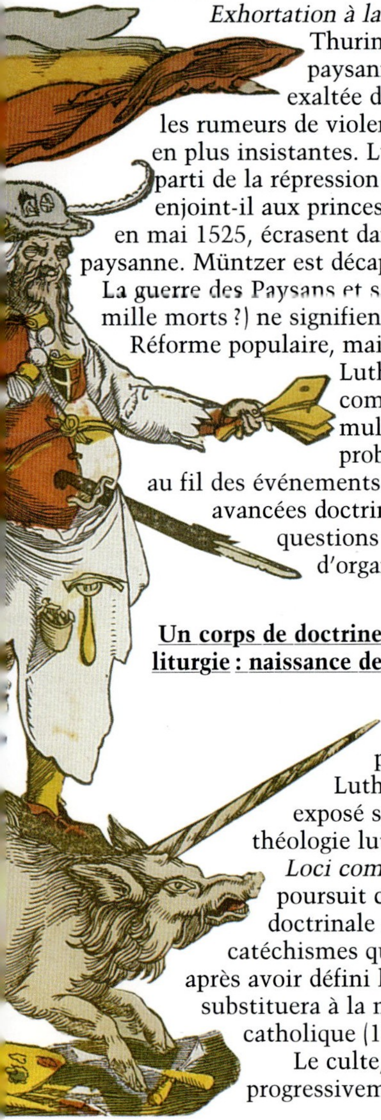

La guerre des Paysans et sa terrible fin (cent mille morts ?) ne signifient pas la mort de la Réforme populaire, mais elles conduisent Luther, assailli par la complexité et la multiplicité des problèmes qui surgissent au fil des événements politiques ou des avancées doctrinales, à privilégier les questions de liturgie et d'organisation ecclésiale.

Un corps de doctrine, une discipline, une liturgie : naissance des églises luthériennes

Dès 1521, Melanchthon, très proche alors de Luther, donne un premier exposé systématique de la théologie luthérienne dans ses *Loci communes* ; Luther poursuit ce travail de fixation doctrinale avec les deux catéchismes qu'il achève en 1529, après avoir défini la liturgie qui se substituera à la messe catholique (1526).

Le culte, qui cesse progressivement d'être célébré en

De nombreux artistes ont sympathisé avec les idées de la Réforme à l'instar de Dürer ou de Cranach, mais rares sont ceux qui se sont autant engagés que Niklaus Manuel Deutsch. Peintre originaire de Berne, il participe très tôt à la vie politique et militaire de sa cité, avant de délaisser pratiquement toute activité artistique pour promouvoir la Réforme. Il dénonce les marchands d'indulgences dans des écrits satiriques (1522) et dans cette gravure de 1525 (ci-dessus) qui exprime pourtant aussi son inquiétude devant l'exaspération de la violence.

Que veulent les révoltés paysans de 1525 ? Répondre à cette question n'est pas chose facile car le soulèvement est loin d'être homogène. En outre, il ne nous est souvent connu que par des chroniques urbaines, toujours hostiles aux paysans et qui insistent à l'excès sur les meurtres et les pillages. S'il est vrai que le sac des monastères est courant, comme ici à Weissenau en Haute-Souabe, il ne faut pas pour autant y voir le cœur des revendications paysannes. Dans les douze articles de 1525, les révoltés de Souabe réclament, au nom de l'Evangile, le libre choix des pasteurs, l'utilisation des dîmes pour la communauté, la fin du servage, l'autorisation de chasser et d'exploiter les forêts.

latin, repose désormais sur trois piliers : la prédication, conçue comme une explication de l'Evangile en partie destinée à soutenir les fidèles dans leur foi, le chant des cantiques (Luther lui-même en compose trente-six) et la cène (la communion sous les deux espèces du pain et du vin). Outre la cène, seul le sacrement du baptême est conservé. La justification par la foi et l'exaltation de la grandeur de Dieu conduisent de même à la suppression du culte de la Vierge, des saints et des morts. En mettant l'accent sur la parole de Dieu, en libérant le chrétien de l'angoisse du salut, en supprimant les innombrables intercesseurs, en rendant la liturgie plus claire, le luthéranisme favorise à la fois un rapport plus direct à Dieu et une piété personnelle plus intériorisée.

Luther se tourne vers l'autorité politique, seule capable à ses yeux d'imposer une discipline ecclésiastique et d'éviter la prolifération des communautés incontrôlées, car « il y a autant de sectes

Sur cette gravure anonyme de 1555-1558, Luther présente et protège le prince-électeur Jean-Frédéric, sa femme et ses trois fils, qui assistent au baptême du Christ. Tout en rappelant le lien étroit entre Luther et le prince-électeur, l'artiste répond ici aux hérétiques et aux sectaires qui rejettent le dogme de la Trinité – le Père et la colombe du Saint-Esprit sont visibles en haut – et le sacrement du baptême.

et de credo
que de têtes ».
En Saxe, il sollicite donc de l'électeur l'inspection régulière des paroisses par des commissions de juristes et de théologiens chargés de faire l'inventaire des biens d'Eglise, de surveiller les prédicateurs de l'Evangile et de réprimer les abus.

Philippe Melanchthon, auteur des *Loci communes*, est longtemps proche de Luther.

Cette organisation est complétée par la nomination de surintendants administrant les circonscriptions ecclésiastiques et bientôt copiée avec des aménagements par les autres Etats luthériens. Ainsi prise en charge par les princes qui saisissent l'occasion de s'emparer des biens ecclésiastiques et d'intervenir dans les affaires religieuses, la Réforme gagne en effet de nouvelles contrées. Le dernier grand-maître de l'ordre Teutonique,

Philippe de Hesse, le margrave de Brandebourg-Ansbach, les ducs de Schleswig et de Brunswick, le comte de Mansfeld se convertissent et imposent leur nouvelle foi à leurs Etats. Le mouvement touche aussi les villes, notamment en Allemagne du Nord, si bien que deux tiers des villes de l'Empire rompent avec Rome lorsqu'une nouvelle diète réunie à Spire exige, sous la pression de l'empereur, l'arrêt de la Réforme et l'application de l'édit de Worms. Quatorze villes et six princes osent protester contre cette décision : le sobriquet de « protestants » est né (1529). Leur union politique au sein de la ligue de Smalkalde contraste avec leurs divisions doctrinales.

Les idées de Luther se répandent hors de l'Empire

En France, la répression donne ses premiers martyrs à la Réforme dès 1525. A Cambridge, un cénacle surnommé « Petite Allemagne » réunit quelques lettrés comme William Tyndale ou Thomas Cranmer autour des positions de Luther, mais les

Cette enluminure d'un manuscrit tchèque de 1572 décrit avec concision l'origine et l'épanouissement des idées réformatrices. Wycliff (en haut), le premier, fait jaillir l'étincelle de la vérité au milieu des ténèbres ; Jean Huss (au centre) y allume un cierge, avant que Luther (en bas) n'illumine le monde de sa torche. Ce type de représentation – comme les portraits collectifs des réformateurs (en haut sur ce vitrail de Monfort l'Amaury) – avaient l'avantage de passer sous silence les divergences entre protestants et de montrer que la Réforme s'insérait dans un processus de longue durée.

autorités craignant un réveil de l'hérésie des Lollards se montrent déterminées : en mai 1521, le cardinal Wolsey dirige un autodafé des livres de Luther et quelques semaines plus tard, le roi Henri VIII lui-même publie un pamphlet contre le réformateur allemand. Si les écrits luthériens circulent très tôt en Italie et en Espagne, leur influence reste confinée à de petits cercles intellectuels.

C'est en Europe du Nord que la réforme luthérienne connaît ses plus grands succès avec la constitution de véritables Eglises nationales. Au Danemark, le roi Frédéric Ier prend les prédicateurs évangéliques sous sa protection, mais le processus s'accélère avec son successeur, Christian III, qui confisque les biens d'Eglise et dépose les évêques, remplacés par des surintendants. Un an plus tard, il impose la Réforme à la Norvège en dépit d'une résistance catholique tenace. En Suède, son implantation est plus progressive puisqu'il faut attendre 1544 pour que le royaume soit officiellement luthérien.

A cette date, la Réforme trouve son second souffle dans le calvinisme.

La ligue de Smalkalde rassemble, en 1531, les villes et les princes (ci-dessus) qui entendent s'opposer à la politique impériale de restauration du catholicisme. La ligue est dirigée par l'électeur de Saxe (Jean-Frédéric) et le landgrave Philippe de Hesse. Les villes de Strasbourg, Ulm, Constance, Magdebourg, Lübeck et Brême y participent.

GIOVANNI CALVINO
GRAN TEOLOGO PRIMA PRETE
DIFENSORE DELLE
da Cadore

« Voyant que la fureur d'aucuns iniques s'était tant élevée en ton Royaume [...], il m'a semblé expédient de faire servir ce présent livre, tant d'instruction à ceux que premièrement j'avais délibéré d'enseigner, que aussi de confession de Foi envers toi, dont tu connaisses quelle est la doctrine contre laquelle, d'une telle rage, furieusement se sont enflammés ceux qui par le feu et par le glaive troublent aujourd'hui ton Royaume. »

Jean Calvin,
Epître à François Ier en préface
à l'*Institution de*
la religion chrétienne, 1535

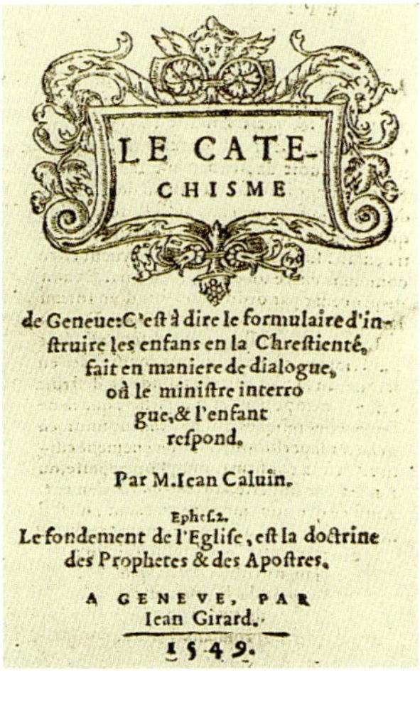
LE CATE-
CHISME
de Geneue: C'eſt à dire le formulaire d'in-
ſtruire les enfans en la Chreſtienté,
fait en maniere de dialogue,
où le miniſtre interro
gue, & l'enfant
reſpond.

Par M. Iean Caluin.

Ephe. 2.
Le fondement de l'Egliſe, eſt la doctrine
des Prophetes & des Apoſtres.

A GENEVE, PAR
Iean Girard.
1549.

CHAPITRE III

CALVIN ET L'EUROPE RÉFORMÉE

Les portraits de Calvin soulignent la tension intérieure du réformateur tout entier absorbé par son œuvre (à droite son Catéchisme).

Né en 1509 – vingt-six ans après Luther – à Noyon en Picardie, Jean Calvin appartient à la seconde génération de la Réforme

C'est la Réforme humaniste qui s'impose, avec des nuances, dans les grandes villes rhénanes comme Bâle et Strasbourg, caractérisées par leur patriotisme urbain et leur développement économique.

Comme Luther, il semble lui aussi promis à des études et à une carrière brillantes : à l'âge de douze ans, il reçoit un premier bénéfice ecclésiastique qui lui permet de poursuivre ses études à Noyon, puis à Paris. A vingt ans, il se tourne vers le droit. Mais le déroulement paisible de sa carrière est bientôt interrompu par les revers que connaît son père, excommunié en raison d'un litige financier avec les chanoines de Noyon. La conversion de Calvin à la Réforme reste toutefois difficile à dater, vraissemblablement entre 1533 et 1534. En novembre 1533 en effet, le nouveau recteur de l'université de Paris, Nicolas Cop, soulève une vive émotion en reprenant des idées luthériennes dans un discours préparé en collaboration avec Calvin. Ce dernier est assez compromis pour devoir fuir Paris ; il passe à Angoulême dans un milieu gagné aux idées nouvelles et protégé par Marguerite de Navarre (sœur de Fançois Ier), avant de trouver refuge à la cour de celle-ci à Nérac, où il rencontre Lefèvre d'Etaples. En mai 1534, Calvin rompt définitivement avec l'Eglise établie en résignant ses bénéfices.

A Strasbourg, le succès de la Réforme doit beaucoup à l'activité de Martin Bucer (1491-1551). Il sait profiter de l'appui des autorités politiques locales pour dessiner « un modèle strasbourgeois » de Réforme qui se signale par le maintien d'une certaine tolérance et l'indépendance du magistrat et de l'Eglise, du moins jusqu'au milieu du siècle.

L'Institution de la religion chrétienne

Quelques mois plus tard, l'affaire des Placards (des affiches injurieuses contre la messe apposées partout, jusque sur la porte de la chambre de François Ier) et la répression terrible qu'elle suscite à l'égard des protestants, amènent Calvin à quitter le royaume pour Strasbourg, puis Bâle. C'est là qu'il prend la défense des protestants persécutés en France dans un livre concis et vigoureux, l'*Institution de la religion chrétienne* (mars 1536). Traduite du latin en français

INSTITV TION DE LA RELI-GION CHRESTIENNE : EN LA-quelle eſt comprinſe vne ſomme de pieté, & quaſi tout ce qui eſt neceſſaire a congnoi-ſtre en la doctrine de ſalut.

dès 1541, cette œuvre de circonstance se présente d'emblée comme un traité doctrinal systématique et un manuel du chrétien.

Imprégnée des idées de Luther, mais aussi de Zwingli et de Bucer, précisée et développée au cours des éditions successives de l'*Institution*, la théologie de Calvin n'en apparaît pas moins comme une synthèse rigoureuse et claire, aux accents très personnels. Calvin retrouve les thèmes essentiels de la Réforme : l'autorité absolue de l'Ecriture ; la déchéance radicale de l'homme esclave du péché et incapable de vouloir son propre salut ; la justification gratuite grâce au Christ seul médiateur car « c'est par le seul moyen de Jésus-Christ que nous sommes justifiés devant Dieu ».

Au fil des versions de l'*Institution*, Calvin s'écarte cependant de Luther comme de Zwingli sur des questions

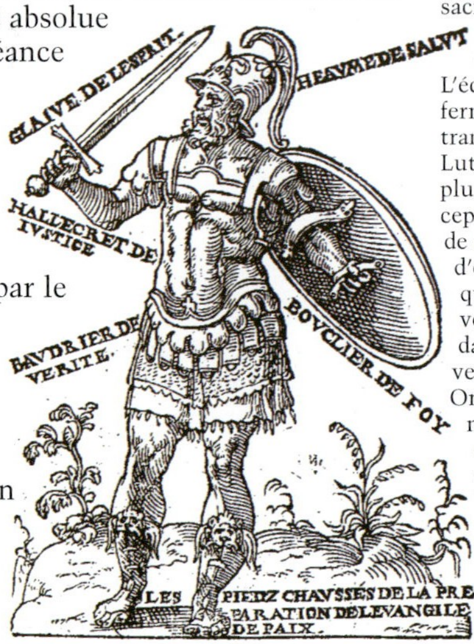

A l'inverse de Luther et de Zwingli, Calvin, l'humaniste et le juriste, donne d'emblée une forme systématique à sa pensée en publiant l'*Institution*. Le plan en est limpide : la loi, la foi, la prière, les sacrements et la « liberté chrétienne ». L'écriture elle-même, ferme et concise, tranche avec celle de Luther, plus touffue et plus sensible. Calvin, cependant, ne cesse de remanier et d'étoffer l'*Institution* qui devient une véritable somme dans la dernière version de 1559-1560. On ne compte pas moins de vingt-cinq éditions du vivant de Calvin.

Recteur de l'académie de Genève et successeur de Calvin à la tête de l'Eglise genevoise, Théodore de Bèze (1519-1605) a joué un rôle capital aussi bien dans l'organisation des Eglises de France que dans la définition de l'orthodoxie calviniste. L'ecclésiologie calvinienne soumet des pans entiers de la vie publique et privée à une surveillance tatillone. Calvin veut faire de Genève une cité de saints et il n'hésite pas à exclure de la cène ceux qui en sont jugés indignes (en haut).

fondamentales. La cène tout d'abord, qu'il refuse de considérer avec les zwingliens comme une cérémonie purement symbolique, une simple commémoration du dernier repas du Christ, mais dans laquelle il ne reconnaît pas de présence substantielle du sang et du corps du Christ (à la différence de Luther qu'il juge en la matière trop proche des catholiques). Son ami et successeur à Genève, Théodore de Bèze, le dit clairement en 1561 : « Le corps du Christ est éloigné du pain et du vin autant que le plus haut du ciel est rapproché de la terre. »

Sans jamais occuper une place centrale dans la théologie de Calvin, la question de la prédestination prend peu à peu de l'importance. En 1551 à Genève, un certain Jérôme Bolsec critique en public la doctrine de Calvin en la matière qui, selon lui, fait de

Dieu « un tyran ». Bolsec est arrêté et banni, mais Calvin juge nécessaire de préciser sa position dans un *Traité sur la prédestination* (1552) et en vient à affirmer que Dieu choisit de toute éternité les élus comme les réprouvés. Sur l'Eglise enfin, Calvin prend aussi ses distances avec Luther et Zwingli. A peine esquissée dans la première édition de l'*Institution*, l'ecclésiologie calvinienne se précise, en effet, avec l'installation définitive du réformateur à Genève.

Genève, nouvelle Rome

Dès 1536, Guillaume Farel a réussi à retenir Calvin dans la ville désireuse d'adopter la Réforme sous la protection militaire de Berne; mais au sein même des élites dirigeantes, cette première tentative pour instaurer une discipline ecclésiastique et définir une doctrine stricte suscite une opposition résolue qui aboutit à l'expulsion de Calvin et de Farel en 1538.

Calvin reste aussi, et peut-être surtout, un homme d'étude et de cabinet, comme l'atteste l'ampleur de son œuvre écrite.

En 1541 pourtant, un retournement politique ramène les partisans de Farel au pouvoir et Calvin est à nouveau sollicité. Il hésite, pose ses conditions, accepte. Le 20 novembre, il rédige et fait voter les *Ordonnances ecclésiastiques* qui définissent la nouvelle Eglise et ses rapports avec le pouvoir politique. Elles établissent quatre ministères : les pasteurs prêchent la parole et administrent les deux sacrements (baptême et cène) ; les docteurs enseignent l'Ecriture ; les anciens surveillent la moralité des fidèles et le respect de la discipline; les diacres assistent les malades et les pauvres. Au sommet, le consistoire, regroupant anciens et pasteurs, traque les superstitions et les livres « papistes », poursuit les libertins, les blasphémateurs, les ivrognes, les prostituées et interdit le luxe et le théâtre profane. Non sans combats contre l'autorité politique jalouse de ses prérogatives, il obtient sur le tard le droit d'excommunier. Au total, une Eglise à la fois communautaire et indépendante.

L'un des rares portraits de Calvin exécuté de son vivant : un petit croquis de l'un de ses étudiants, un certain Jacques Bourgoin de Nevers (ci-dessus).

En dépit de son autorité, Calvin doit faire face à des opposants et à des contradicteurs. En 1553, par exemple, une nouvelle crise connaît un dénouement dramatique. Un médecin espagnol Michel Servet, qui cherche à offrir une foi acceptable aux minorités christianisées de force en Espagne (juifs et musulmans) en niant le mystère de la Sainte Trinité, doit fuir les autorités catholiques de son pays et commet l'erreur de s'arrêter à Genève. Or, Calvin a condamné avec vigueur ses positions, affirmant même en 1546 : « S'il vient ici [...], je ne le laisserai pas sortir vivant. » Reconnu, Servet est arrêté, condamné comme hérétique et brûlé en octobre 1553.

Succès du calvinisme hors de Genève

Grâce à l'activité inlassable de Calvin, qui jusqu'à sa disparition en 1564 mène une vie ascétique et studieuse, mais aussi des imprimeurs de Genève et de l'académie fondée en 1559 pour former les pasteurs, la doctrine calviniste se répand en Europe et Genève s'affirme alors comme un foyer missionnaire

Calvin s'est fait une idée précise des qualités du prédicateur : « Que ceux qui voudront s'acquitter du ministère de l'Evangile ainsi qu'il appartient, apprennent non seulement de parler et d'haranguer, mais de pénétrer jusque dans les consciences, afin qu'elles sentent en elles Christ crucifié, et que le sang d'icelui dégoutte dedans elles » (*Commentaire sur l'épître aux Galates*).

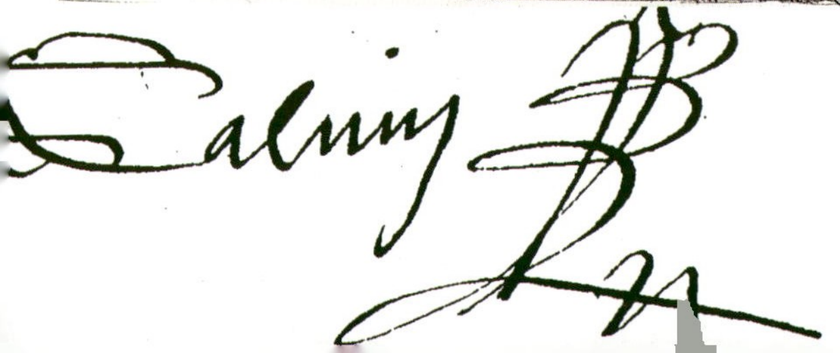

La signature de Calvin, bien reconnaissable (à gauche) et un extrait d'un sermon manuscrit dont on remarque qu'il est en français.

Anvers, métropole commerciale et ville d'imprimeurs, renferme très tôt des foyers luthériens. Avec les années 1550, l'influence calviniste ne cesse de progresser : dès 1554-1555, deux congrégations (l'une flamande, l'autre wallone) voient le jour et correspondent avec Calvin. Vers 1558, le ministre Adrien van Haemstede attire quelques centaines d'auditeurs à ses sermons.

de premier plan. Aux Pays-Bas, la prédication de Pierre Brully puis de Guy de Brès apporte un second souffle à la Réforme malgré la répression rigoureuse. Autour de 1560, à Anvers notamment, la grande ville marchande, mais aussi à Gand, à Valenciennes et à Tournai dont Guy de Brès dirige l'Eglise, le calvinisme gagne du terrain.

En Ecosse, le succès de la Réforme paraît indissociable de la vie tumultueuse de John Knox. Après 1557, le soulèvement des Ecossais contre la régente Marie de Lorraine permet à cet ancien prêtre passé à la Réforme de faire triompher ses idées : dès le mois d'août 1560, le parlement adopte une confession de foi calviniste que Knox a rédigée et, en décembre, la première assemblée de l'Eglise réformée écossaise promulgue un *Livre de discipline* qui abolit l'épiscopat et instaure deux ministères (pasteurs et anciens). Les pasteurs sont élus par les fidèles et non cooptés comme à Genève.

John Knox (1505-1572), l'ancien prêtre, connaît l'errance de l'exil religieux : prisonnier à Rouen, puis réfugié en Angleterre, à Dieppe, à Genève et à Francfort. Mais à partir de 1560, il dirige la Réforme de l'Eglise d'Ecosse.

Naissance de l'Eglise anglicane

En Angleterre, les idées de Calvin accélèrent un processus commencé en 1527 lorsque Henri VIII a demandé à Rome l'annulation de son mariage. Débouté, le roi fait prononcer celle-ci par l'archevêque de Canterbury, Thomas Cranmer. Les derniers ponts qui relient l'Eglise d'Angleterre à Rome sont coupés : au pape qui l'excommunie, Henri VIII répond en obtenant du parlement le vote d'un « acte de suprématie » qui fait de lui le chef suprême de l'Eglise et en supprimant les monastères, dont les biens sont sécularisés.

En avril 1566, une partie de la noblesse des Pays-Bas demande la suppression de l'Inquisition et la suspension des Placards contre l'hérésie. Ce nouveau climat politique favorise l'expansion du calvinisme : des prédications en plein air sont organisées, en dehors de l'enceinte des villes. Le 24 juin, aux portes d'Anvers, cinq mille personnes sont rassemblées pour écouter un de ces « prêches des haies » ; le mois suivant, elles sont quatre fois plus. Une telle situation ne peut durer indéfiniment ; dès le mois d'août, des bandes iconoclastes se jettent sur les églises qu'elles mettent à sac.

Pourtant, le roi ne peut se résoudre à abandonner totalement le dogme catholique. À sa mort, il laisse une situation ambiguë, qui déçoit aussi bien les catholiques que les protestants car si les partisans de la Réforme deviennent de plus en plus nombreux, la confession de foi officielle du *King's Book* de 1543 conserve les sept sacrements, recommande le culte de la Vierge et des saints et interdit la lecture privée de la Bible.

La Bible en anglais de Miles Coverdale paraît en 1535. Très inspirée de Luther, elle est vite remplacée par une traduction plus engagée, pour satisfaire Henri VIII (ci-dessous, son portrait par Holbein) qui réclame en 1538 une « grande Bible en anglais ».

La *Grande Bible* (à droite) paraît en avril 1539 et connaît un succès immense. La page de titre, de Holbein, montre le roi offrant cette Bible à Cranmer et Cromwell.

Lorsqu'il succède à son père en 1547, Edouard VI n'a que neuf ans ; son oncle, le duc de Somerset, inclinant vers un luthéranisme modéré, reçoit le titre de protecteur et prend la direction du conseil de régence. Mais en 1549, il est écarté par John Dudley, comte de Warwick, qui engage le royaume dans une réforme d'influence calviniste : en 1552 paraît un nouveau *Book of Common Prayer* et l'année suivante une confession de foi en *Quarante-Deux Articles* rédigée par Cranmer, John Knox et des protestants venus du continent.

L'existence d'une Eglise hiérarchique soumise à l'Etat n'y est pas remise en cause, mais la doctrine s'inspire nettement du calvinisme : justification par la foi, rejet de la doctrine romaine de la transsubstantiation, du purgatoire, du culte des saints et des images. Peu à peu, sous l'impulsion de Cranmer, une *via media* anglaise se dégage. La disparition d'Edouard VI (1553) et le court règne de Marie Tudor, restée catholique, interrompent un temps ce processus, mais avec Elisabeth Ière, qui occupe le trône de 1558 à 1603, l'Église anglicane prend son visage original : un dogme inspiré du calvinisme, mais une liturgie et une ecclésiologie qui rappellent le catholicisme.

Le règne d'Elisabeth s'ouvre par un nouvel acte de suprématie (1559) exigeant de tout prélat le serment suivant : « Moi, X, témoigne publiquement et déclare en conscience que sa Majesté la reine est le seul gouverneur suprême de ce Royaume, au spirituel comme au temporel. » Tous les évêques, sauf un, refusent de prêter serment : ils sont déposés et remplacés par des prélats plus dociles.

La conquête de la France

En France, l'influence de Calvin ne cesse de grandir grâce aux ouvrages et aux hommes qui pénètrent dans le royaume. De plus en plus, les petits groupes de fidèles qui s'assemblent discrètement s'adressent à Genève pour obtenir des instructions et surtout des pasteurs : les premiers arrivent en 1555, mais le flux ne cesse de grossir (onze en 1557, trente-deux en 1559). Des églises sont « dressées » sur le mode de

THE WORDE OF THE LORDE ENDURETH FOR EVER
IDOLATRY
ALL FLESHE IS GRASSE
FEYNED HOLINE

Le temple de Paradis (ci-contre), l'un des trois temples construits à Lyon pour abriter le culte réformé après 1564.

Genève, à Paris et dans le Val-de-Loire d'abord, puis dans les villes de Normandie et du Sud-Ouest.

Le calvinisme prend en charge la Réforme française en lui donnant une discipline et une doctrine qui ne vont pas sans soulever certaines réserves. Des prédicants locaux, par exemple, refusent de céder leur place aux pasteurs de Genève et des notables préfèrent continuer à dissimuler leurs convictions en assistant aux cérémonies catholiques. En 1559 pourtant, un premier synode national des Eglises réformées de France réuni à Paris met fin en partie à ces tensions en adoptant une confession de foi et une discipline largement inspirées de celles de Genève. Ce synode confirme ainsi l'adoption du modèle calviniste.

Présente dans la plus grande part du royaume (à l'exception de la Bretagne et du Massif central), la Réforme gagne presque tous les groupes sociaux : ecclésiastiques, nobles, officiers et gens de justice,

Le temple calviniste doit être dépouillé : ni peintures, ni orgues, ni cloches.

négociants et surtout artisans se convertissent en nombre. Seule, la paysannerie reste à l'écart. Quelques chiffres attestent l'ampleur des adhésions : à Paris en mai 1558, quatre mille protestants se réunissent plusieurs soirs de suite pour chanter des psaumes ; vers 1566, plus de la moitié des notaires bordelais et lyonnais sont passés à la Réforme. Surtout, la conversion d'une partie de la noblesse (les Bourbon, les Condé, les La Rochefoucauld, les Châtillon) détermine un changement d'attitude à l'égard du pouvoir royal, les gentilshommes en effet ne voulant ni fuir à Genève, ni supporter sans résistance les persécutions qui redoublent. La formation d'un parti protestant annonce les troubles qui vont bientôt déchirer le royaume. En mars 1560, des seigneurs protestants essayent de s'emparer du roi pour le soustraire à l'influence de son entourage : c'est la conjuration d'Amboise.

Rien ne doit rappeler les idoles papistes ou distraire les fidèles (hommes et femmes séparés).

Rien ne serait plus faux que d'imaginer le catholicisme résigné et sclérosé, assistant impuissant à la progression du protestantisme. Au contraire, le défi protestant avive le zèle de ceux qui rêvent de rénover de l'intérieur l'Eglise romaine et qui brûlent, comme le père César de Bus, si actif en Avignon, « d'arracher de l'âme des hérétiques les vices [et] les opinions erronées ».

CHAPITRE IV
LA RIPOSTE CATHOLIQUE

La défense du catholicisme emprunte des chemins variés : exaltation du dogme et des sacrements (à gauche le *Triomphe de l'Eucharistie* de Rubens, 1625-1627), mais aussi polémique contre les protestants (à droite, Luther aux sept têtes, signe de contradiction).

L'engagement des humanistes contre la Réforme

Très vite, dans toute l'Europe, des universités, des théologiens, des prélats, mais aussi des humanistes et des princes engagent un combat déterminé contre les idées nouvelles et ceux qui les propagent. Dès 1519, la faculté de théologie de l'université de Louvain condamne l'enseignement de Luther, imitée en cela deux ans plus tard par la prestigieuse faculté de Paris. Certains des plus éminents théologiens du temps cherchent à réfuter les positions du réformateur allemand : ainsi Jean Eck, adversaire érudit et acharné, ou Jean Cochlaeus, brillant humaniste entré dans la polémique dès 1520, ou encore l'évêque de Rochester, John Fisher.

Les controversistes catholiques aiment souligner les divergences entre les réformateurs, incompatibles selon eux avec la définition d'une véritable Eglise. Ici, Luther, Calvin et Menno Simons (prédicateur anabaptiste hollandais) se disputent le Christ et son enseignement, en vain.

John Fisher, évêque de Rochester, est l'exemple même de ces prélats consciencieux qui rêvent de redresser l'Eglise de l'intérieur et qui combattent l'hérésie. Refusant de suivre Henri VIII dans sa rupture avec Rome, il est condamné à mort en 1535.

Erasme, enfin, après avoir constaté que Luther accomplit une réforme qui n'est pas celle dont il rêve, finit à son tour par se résoudre à l'affrontement. En 1524, il attaque le cœur de la doctrine luthérienne en soutenant que l'homme n'est pas si corrompu qu'il ne puisse participer à son salut. L'année suivante, Luther répond en durcissant ses positions : l'homme est si profondément déchu qu'il ne veut ni ne peut rien pour son salut ; vouloir l'y faire participer n'est qu'un outrage à la toute-puissance de Dieu.

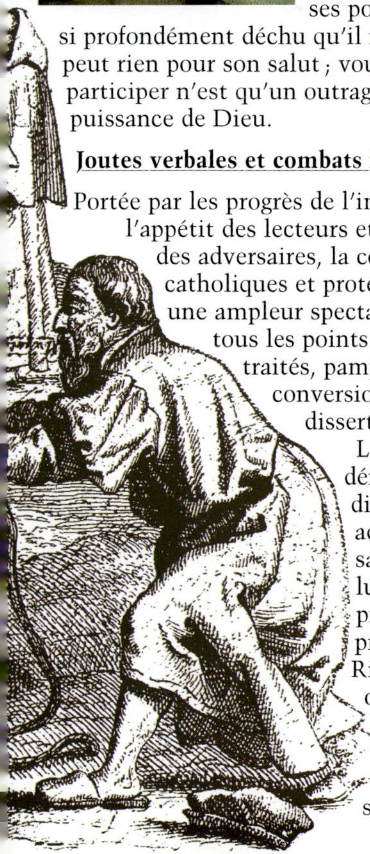

Joutes verbales et combats intellectuels

Portée par les progrès de l'imprimerie, l'appétit des lecteurs et l'acharnement des adversaires, la controverse entre catholiques et protestants prend une ampleur spectaculaire. Sur tous les points discutés, traités, pamphlets, récits de conversion et autres dissertations fleurissent. Les catholiques dénoncent l'inspiration diabolique de leurs adversaires, leurs sacrilèges et leur lubricité, notamment à propos du mariage des prêtres. Le jésuite Richeome exploite avec outrance les faiblesses personnelles de Luther et sa femme, ancienne nonne, ses six enfants, son goût

Pour répondre aux artistes protestants qui exaltent l'inspiration divine de Luther, les catholiques ironisent sur les prétentions et les ridicules du réformateur : c'est un simple croissant de lune qui le fait ressembler à un saint ou à Moïse (ci-dessus).

pour la bonne chère et la boisson : « Qui s'est défroqué pour être paillard, sous la courtine du mariage ? Qui a, par sacrilège, tiré de l'enclos sacré une religieuse pour la faire effrontée putain ? »

Les protestants ne sont pas en reste, qui ironisent sur les abus du clergé, sur le pape et sur les superstitions papistes. Les célèbres Placards de 1534 déclarent ainsi qu'à cause de la messe, « toute connaissance de Jésus-Christ est effacée, prédications de l'Evangile rejetées, le temps occupé en sonneries, bêlements, chatteries, cérémonies, luminaires, encensements » et qu'il ne s'agit que d'une « idolâtrie publique ». La capitulation ou la conversion de l'adversaire ne peut évidemment sortir de tels échanges. De fait, presque toujours relancée par les réponses et les répliques, la controverse accuse les différends entre les confessions. Mais elle n'absorbe

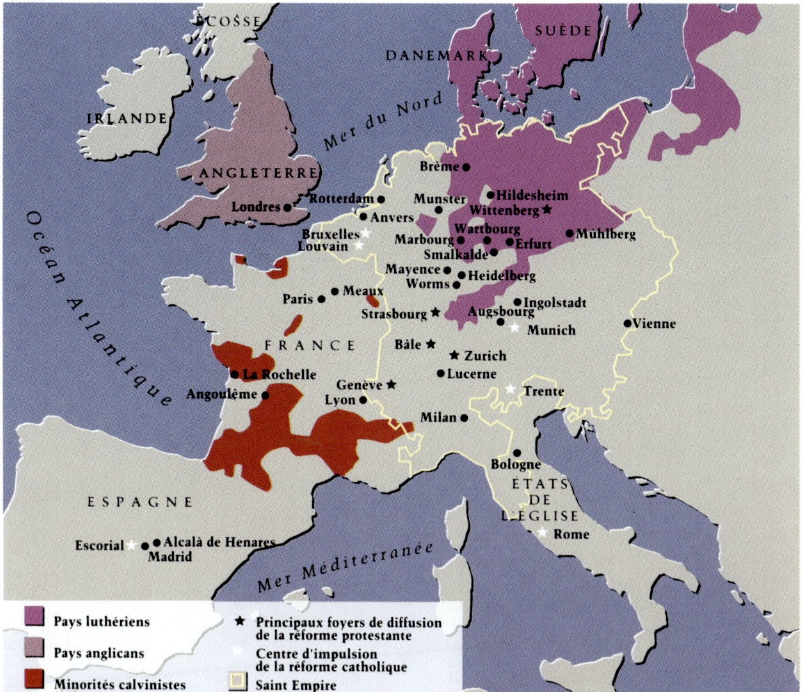

Dans cette allégorie catholique de la fin du XVIe siècle, la nef de l'Eglise dont les voiles sont gonflées par le souffle du Saint-Esprit est sûre d'arriver au port que gardent les anges. En chemin, elle laisse les flots et les monstres marins engloutir les hérétiques et les apostats.

A gauche, la carte de l'Europe au XVIe siècle déchirée par les zones d'influence protestantes et catholiques.

pas toutes les énergies. Peu à peu, dans les années 1520 et 1530, alors même que la papauté est toujours paralysée, des individus isolés, des prélats, de petits groupes dévots jettent les premiers fondements de ce qui constituera le catholicisme de reconquête.

Ignace de Loyola, soldat du Christ

Blessé en 1521 lors d'une bataille, un officier espagnol du nom d'Ignace de Loyola met à profit sa longue convalescence pour lire et réfléchir aux moyens de consacrer sa vie à Dieu. Il se soumet à une vie ascétique faite de mortifications et d'oraisons méthodiques qu'il résume dans ses *Exercices spirituels*. De retour d'un pèlerinage à Jérusalem, il décide de parfaire sa formation, fréquente les universités espagnoles avant de partir pour Paris (1528), où il rassemble quelques compagnons qu'il forme aux « exercices spirituels ». En 1534, ce petit groupe fait le vœu de se rendre à Jérusalem ou, si cela est impossible, de se mettre au service du pape. Le projet de pèlerinage échoue, Ignace et ses compagnons décident de

Luther, rendu obèse par la bière, pousse une brouette dans laquelle gisent les têtes et les œuvres de ses continuateurs (Zwingli, Melanchthon, Calvin). Habillée en nonne, sa femme porte la Bible et tient dans ses bras leur fille illégitime – *Sola Fide*.

Paul III a plus de soixante-cinq ans lorsqu'il devient pape en 1534. Il s'emploie d'emblée à enrayer les progrès du protestantisme en renforçant l'autorité de la papauté, en présidant à la naissance de la Société de Jésus, en rénovant l'Inquisition en Avignon et en Italie, et surtout en réussissant enfin à réunir un concile de réforme, malgré les embûches et les oppositions. Les premières sessions du concile de Trente sont peu fréquentées (quatre cardinaux, quatre archevêques et vingt et un évêques à l'ouverture) mais les dernières, en 1562-1563, rassemblent un peu plus de deux cents pères (pages suivantes), sans compter les ambassadeurs des princes et les théologiens.

constituer un ordre religieux nouveau, qui prêterait un vœu spécial d'obéissance au pape. Paul III approuve en 1540 les statuts de la Société de Jésus.

Les jésuites, soigneusement choisis et bien formés, témoignent d'un zèle missionnaire exceptionnel, hors d'Europe d'abord, puis très vite face aux hérétiques. A la mort d'Ignace (1556), la Société, forte d'environ mille membres, a déjà établi de nombreux collèges, même à proximité des contrées protestantes, à Cologne, Vienne, Ingolstadt, Prague...

Le concile de Trente...

Le succès de telles entreprises s'explique en partie par le réveil de la papauté. Paul III, élu en 1534, sait rassembler les énergies en nommant de nouveaux cardinaux acquis à l'idée de réforme intérieure de l'Eglise, en constituant une commission d'enquête sur les abus, en réformant l'Inquisition et, surtout, en annonçant dès 1535 la réunion prochaine du concile général tant attendu. Celui-ci, pourtant, ne cesse d'être retardé en raison des dissensions entre le roi de France François Ier, allié aux princes protestants allemands, Charles Quint, impatient de rétablir l'unité religieuse de l'Empire, et le pape. Il s'ouvre enfin, le 13 décembre 1545, à Trente, en Italie du Nord.

L'œuvre du concile est considérable. En matière dogmatique, les pères condamnent sans ambages les thèses protestantes au sujet de la Bible (défense de la tradition apostolique, et donc du rôle de l'Eglise, contre le *Sola Scriptura* des protestants), de la justification (l'homme doit contribuer à son salut), de l'Eglise et des sacrements. Ces derniers retiennent longuement l'attention des pères. Le concile maintient sept sacrements et souligne qu'ils ne peuvent être conférés que par un prêtre ou un évêque.

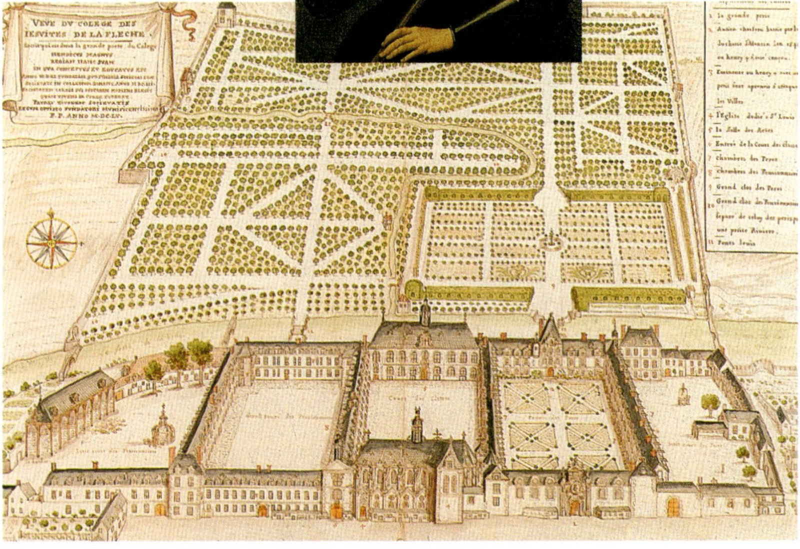

C'est dans le domaine de l'enseignement que le succès des jésuites, fondés par Ignace de Loyola (ci-dessous), apparaît le plus clairement : 144 collèges en 1581, 518 en 1640 (en bas ; le collège de La Flèche dans la Sarthe). A l'origine, les collèges devaient offrir un logement aux étudiants de la Compagnie à proximité des universités, mais la réussite est telle que des collèges d'externes sont vite créés.

Pour l'eucharistie, les pères se montrent très précis : contre les zwingliens qui en font une cérémonie symbolique, mais aussi contre les luthériens et les calvinistes qui contestent la transsubstantiation, ils rappellent que par les paroles de consécration que prononce le prêtre, « le corps et le sang de Notre-Seigneur sont véritablement présents dans ce sacrement et de manière qu'il ne reste absolument rien de la substance du pain et du vin » (Catéchisme du concile de Trente).

En matière disciplinaire, le concile fait preuve de la même fermeté : il rappelle l'obligation de résidence pour tout possesseur de bénéfice, exige des religieux l'obéissance à la règle et la restauration de la clôture, enjoint aux évêques de prêcher, et leur ordonne de visiter chaque année leur diocèse. Les décisions conciliaires sont renforcées et précisées par la publication rapide d'un Index des livres condamnés (1564), d'un Catéchisme (1566), d'un Bréviaire (1568) et d'un Missel (1570).

... et la Réforme catholique

Le concile dépasse ainsi la simple réplique au protestantisme pour dessiner les contours d'une véritable « Réforme catholique ». Celle-ci ne s'impose cependant pas sans difficultés, ni sans nuances : si le succès est indéniable en Italie, en Espagne ou en Lorraine, l'introduction des décrets de Trente est plus lente dans les zones catholiques de l'Empire et

surtout en France. Peu à peu, les prescriptions des pères finissent néanmoins par renouveler le visage du catholicisme : évêques plus souvent résidents, clergé mieux formé et mieux encadré, expansion missionnaire des ordres nouveaux (jésuites), renouveau des pèlerinages et des confréries, vie

spirituelle et mystique intense, épanouissement artistique témoignent d'une confiance retrouvée.

La Réforme catholique partage en fait avec les protestantismes l'ambition d'encadrer davantage les fidèles, comme en témoigne leur lutte commune contre les superstitions et la sorcellerie – qui touche une grande partie de l'Europe, des pays scandinaves au Frioul, en passant par l'Allemagne, les Pays-Bas, la Lorraine ou l'Ecosse – et leur souci d'améliorer la catéchèse.

Charles Borromée, archevêque de Milan (1566 à 1584), (ci-contre) exerce de façon exemplaire sa charge en tenant des conciles provinciaux et des synodes, en visitant son diocèse, en ouvrant des séminaires pour y former les prêtres.
Les catholiques reprennent confiance, comme en témoigne le décor somptueux des églises romaines (ci-dessous la *Victoire de l'Eglise sur l'hérésie*, église du Gesù ; au centre, la *Madone de Lorette* du Caravage).

Le baroque : art de la Contre-Réforme

Dans sa profusion des ors, des marbres et des stucs, dans le mouvement tourbillonnant des corps et des étoffes qui s'élèvent au ciel, dans l'exaltation constante des sacrements, dans l'admiration des saints et des mystiques, le baroque épouse à merveille les ambitions et les espoirs de la Contre-Réforme. Sans pouvoir jamais être réduit à un art de la propagande, monotone et pédant, il illustre très bien la confiance retrouvée de l'Eglise romaine dans le dernier tiers du XVIe siècle et sa volonté de conforter ses dogmes en les mettant en scène de manière à la fois théâtrale et pédagogique. A Rome, l'image de la ville tout entière se transforme et devient manifeste, profession de foi.

Pages précédentes : le plafond de l'église du Gesù (le *Triomphe du nom de Jésus*).
Ci-contre, deux œuvres majeures de la sculpture baroque au milieu du XVIIe siècle : l'*Extase de sainte Thérèse* et le baldaquin de Saint-Pierre, du Bernin.

Allemagne, Angleterre : échec de la Contre-Réforme

Parallèles aux tentatives de redressement doctrinal et disciplinaire, les efforts de reconquête politique sur l'hérésie, par la répression et par les armes, se durcissent dans la plupart des pays dès les années 1520. Mais là où le protestantisme s'est solidement implanté, ils ne rencontrent guère que l'échec. En Angleterre, notamment, à la mort du jeune Edouard VI en 1553, sa demi-sœur, Marie Tudor, qui lui succède, mène une politique de restauration catholique et de persécution du protestantisme, sans réussir pourtant à étouffer une Réforme désormais bien implantée dans le sud du royaume et dans les grandes villes.

Portraitiste quasi-officiel de Charles Quint, Le Titien sait exprimer l'assurance de l'empereur, ici au lendemain de sa victoire de Mühlberg.

En Allemagne, l'union politique des protestants dans la ligue de Smalkalde (1531) contraste avec les dissensions et l'attentisme des princes restés fidèles à Rome. La Réforme gagne le Wurtemberg (1534), la Poméranie (1535), le Brandebourg (1539). Charles Quint espère cependant encore rétablir l'unité religieuse de l'Empire par le compromis. Il décide de changer de politique en 1546 : « Nous avons reconnu, écrit-il à sa sœur, qu'il n'y a pas d'autre parti à prendre que la guerre. » Ce tournant coïncide avec la disparition de Luther en 1546. La campagne militaire est brève et, en avril 1547, les troupes protestantes sont taillées en pièces à Mühlberg. Charles Quint peut imposer une solution provisoire aux problèmes religieux de l'Allemagne, l'« Interim », qui rétablit les rites catholiques dans les territoires protestants. Le luthéranisme subit un coup d'arrêt : par crainte, de nombreuses villes libres appliquent

Dans cette gravure protestante, des moines et des chanoines chantent en l'honneur de l'Intérim de 1548. Mais le monstre tricéphale au centre de la scène rappelle que, pour certains protestants, l'Intérim est l'œuvre du diable et du pape-Antéchrist.

l'Interim et près de quatre cents pasteurs sont contraints à l'exil. L'Interim vient pourtant trop tard pour connaître autre chose qu'un succès temporaire car la foi protestante des élites urbaines et des classes populaires est solidement enracinée. Dès 1552, les princes protestants retournent la situation à leur profit en ressuscitant une alliance militaire entre eux et en obtenant l'appui du nouveau roi de France, Henri II. En 1555, avec la paix d'Augsbourg, l'empereur Ferdinand Ier, qui a succédé à Charles Quint, doit se résoudre à reconnaître l'existence légale de deux confessions dans l'Empire : l'Eglise catholique et l'Eglise luthérienne (ce qui exclut les zwingliens, les calvinistes et les sectes dissidentes). Mais la liberté religieuse n'est concédée qu'aux Etats et aux villes libres et non aux simples particuliers. En vertu de ce principe *cujus regio, ejus religio*, le prince ou le magistrat impose donc sa confession à ses sujets et reçoit d'importantes attributions religieuses.

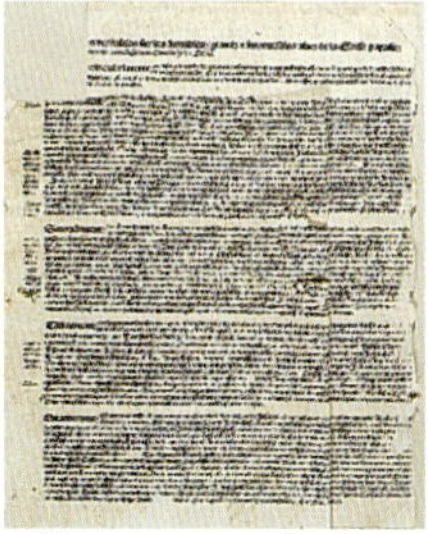

En octobre 1534, les Placards (en haut à gauche), des affiches injurieuses contre la messe, sont apposés à Paris, dans les villes de la Loire et même sur la porte de la chambre de François Ier (à droite) ; ils provoquent une répression brutale.

Les fers, le feu

Aux Pays-Bas, en revanche, en dépit des susceptibilités et des privilèges locaux, Charles Quint a les coudées plus franches qu'en Allemagne : dès 1521, il choisit de combattre l'hérésie par tous les moyens. Les ordonnances se multiplient pour culminer en 1529 dans un texte qui renforce la censure, interdit de discuter de la Bible et de donner refuge à des hérétiques. En 1545-1546, l'arsenal répressif est complété par la rédaction de 32 articles fixant les contours de l'orthodoxie romaine et par la publication d'un Index des livres prohibés. La persécution redouble.

La situation française est plus complexe car si la faculté de théologie de Paris et les parlements

engagent très tôt le combat contre les luthériens, les hésitations de François Ier évitent jusqu'aux années 1530 que la répression ne se déchaîne. En lutte contre Charles Quint, le roi ne peut, en effet, se passer de l'alliance des princes protestants allemands : aussi veille-t-il à ne pas les heurter par une trop grande intransigeance. C'est l'affaire des Placards qui conduit François Ier à adopter une politique plus répressive. Celle-ci connaît son épisode le plus tragique en Provence. En avril 1545, les Vaudois du Lubéron, héritiers d'une hérésie du Moyen Age, qui ont adhéré au protestantisme, sont victimes d'une véritable opération militaire lancée à l'initiative du parlement d'Aix et des autorités religieuses d'Avignon. Exécutions sommaires, viols, vols, incendies et destructions se succèdent pendant une semaine.

La répression s'aggrave avec Henri II. Le parlement de Bordeaux, par exemple, juge 477 suspects en 1541 et 1559 et prononce 18 condamnations à mort. La section du parlement de Paris spécialisée dans la poursuite de l'hérésie prononce 39 condamnations au

En 1587, l'imprimeur anversois Plantin publie le martyrologe du catholique anglais Richard Verstegan. Celui-ci dénonce avec fougue les « horribles cruautés » des protestants aux Pays-Bas, en Angleterre et en France. Plusieurs gravures illustrent ainsi avec précision les meurtres, les tortures, les pillages et les massacres commis pendant les troubles, afin de frapper les esprits et de susciter la haine du protestantisme. Ce pamphlet est plusieurs fois réédité.

bûcher en moins de deux ans (mai 1547-mars 1549). Mais si de nombreux protestants choisissent l'exil, la progression des idées nouvelles n'est pas ralentie. Plus déterminé que jamais, Henri II s'empresse de signer avec l'Espagne la paix de Cateau-Cambrésis (1559) afin de pouvoir employer toutes ses forces à l'éradication de l'hérésie dans le royaume, mais sa disparition accidentelle l'empêche d'exécuter son projet.

A sa mort, l'antagonisme confessionnel menace sérieusement la paix civile. D'autant plus que la violence n'est pas le fait des seules autorités, mais qu'elle vient aussi des foules catholiques, des délateurs qui alimentent les tribunaux, des provocateurs qui excitent les passions et le fanatisme. A Paris, à Toulouse ou à Rouen, des catholiques se tiennent en embuscade dans les rues et rouent de coups les passants qui refusent de saluer les images de la Vierge ou les croix.

Le Saint-Office et les hérétiques

En Italie et en Espagne, politique répressive et réforme catholique rencontrent peu d'opposition car la diffusion des idées luthériennes et calvinistes n'a

Gravure luthérienne illustrant le grand autodafé du 21 mai 1558. L'Inquisition espagnole (ci-dessus) poursuit aussi les musulmans christianisés, comme l'atteste cette plainte de 1567 : « Nous sommes persécutés par les tribunaux ecclésiastiques et séculiers ; pourtant, nous sommes des vassaux loyaux et obéissants de Sa Majesté. Nos fêtes et nos célébrations ne constituent pas des obstacles pour devenir chrétiens. L'usage du henné n'est pas contre la foi, mais simplement utile à l'entretien du corps. Nos femmes portent le voile uniquement par souci de discrétion. »

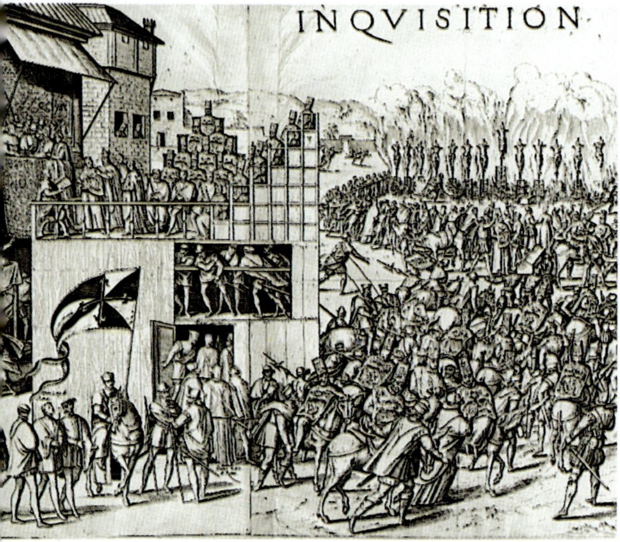

Avec Philippe II (ci-dessus) et Fernando de Valdès (grand inquisiteur depuis 1547), la politique de répression et de fermeture catholique s'aggrave dans la péninsule Ibérique au détriment des communautés dissidentes (luthériennes, juives et morisques).
Le 8 octobre 1559, par exemple, en présence du roi Philippe II, douze hérétiques sont brûlés. Les puissants eux-mêmes ne sont pas à l'abri de persécutions qui redoublent : Bartolomé Carranza, archevêque de Tolède et ancien confesseur de Charles Quint, est arrêté et condamné. Il passera dix-sept ans en prison.

guère débordé les cénacles intellectuels, comme ceux de Ferrare, de Pavie, de Naples (autour de Juan Valdès) ou d'Alcalà. Aussi la répression, pourtant tardive, met-elle rapidement en déroute ces cercles discrets et isolés. En 1542, l'Inquisition romaine est réorganisée et reçoit juridiction sur toute l'Italie : certains luthériens sont arrêtés, d'autres fuient en direction de Zurich, de Lausanne ou de Genève. L'Inquisition espagnole, soutenue par un Etat puissant, se montre plus efficace encore : organisée à la fin du XVe siècle pour lutter contre les minorités juives et musulmanes plus ou moins christianisées, elle s'adapte sans délai à ses tâches nouvelles. Dès 1533, un chanoine de Tolède, ardent lecteur d'Erasme, est arrêté pour avoir critiqué la Vulgate et le trafic des indulgences. Mais c'est en 1557 et 1558 que sont démantelées les deux grandes communautés luthériennes de Séville et de Valladolid au cours d'impressionnantes cérémonies publiques. Désormais, l'administration veille avec efficacité. Elle montre une telle intolérance qu'en 1577, un catholique affirme que « si Jésus-Christ Notre-Seigneur revenait sur terre, on le condamnerait au bûcher ».

RI AVFF DER SONN

Rétablir – au besoin par la répression et par les armes – l'unité de la foi, perçue comme seule garante de la stabilité politique, de l'ordre social et du salut collectif, ou coexister, tant bien que mal, avec l'étranger, le voisin, le parent hérétique ? Au cours des années 1560, l'aggravation des dissensions religieuses et l'affaiblissement de l'Etat donnent à cette question une tournure dramatique. La France, les Pays-Bas et l'Ecosse basculent alors dans la guerre civile.

CHAPITRE V
LE TEMPS DES TROUBLES

DECLARATION DES PRINCIPAVX MOTIFS QVI INDVISENT LE SIEVR de SPONDE, Conseiller & Maistre des Requestes du Roy, à s'vnir à l'Eglise Catholique, Apostolique, & Romaine:

Adressée à ceux qui en sont separez, & distinguée en deux Parties.

A MELVN.
AVEC PRIVILEGE DV ROY.
1593.

La violence religieuse (à gauche le massacre de la Saint-Barthélemy) contraint les indécis à choisir leur camp (à droite la conversion de Jean de Sponde) et brise les rêves de tolérance.

A la fin des années 1550, tous les chrétiens se trouvent dans l'obligation de choisir leur camp

En France, les provocations se font de plus en plus nombreuses au cours des années 1550. Côté protestant, l'iconoclasme constitue à la fois un défi à l'Eglise catholique et une protestation contre la prolifération

des cultes idolâtres adressés à la Vierge, aux saints et aux reliques.
Les destructions d'images se multiplient : à Paris en 1550, à Toulouse en 1555, à Angoulême en 1558 (ici les reliques de saint Cande jetées au feu, 1562).

Le temps des accommodements personnels, des syncrétismes bancals, des compromissions est révolu. Calvin notamment ne cesse de durcir le ton contre ceux de ses partisans qui, par ignorance ou par prudence, pour échapper à la répression, préfèrent dissimuler leur véritable foi en continuant, par exemple, à assister aux cérémonies catholiques, et qu'il appelle Nicodémites.

Les catholiques eux aussi resserrent les rangs. En France, la persécution redouble et frappe même ceux que l'on soupçonne de tiédeur : Anne du Bourg, un conseiller au parlement de Paris qui ose protester contre les supplices et les exécutions, finit à son tour, en 1559, sur le bûcher. Dans le royaume, les violences populaires contre les protestants se font plus nombreuses. Bien qu'il ne réside pas aux Pays-Bas, Philippe II se montre tout aussi déterminé à y lutter contre l'hérésie en exigeant de la gouvernante, Marguerite de Parme, qu'elle applique sans ménagement les placards antiprotestants.

Désordres politiques

L'affrontement semble dès lors inévitable, d'autant qu'aux dissensions religieuses s'ajoutent les appétits politiques des grands qui entendent profiter des difficultés de l'Etat ou de l'absence du souverain. En France, François II, puis Charles IX, des souverains jeunes, fragiles, inexpérimentés, succèdent après 1559 à Henri II. Les princes et les grandes familles tentent de peser sur le gouvernement. Les Guise, cadets de la maison de Lorraine et oncles de François II, jouent désormais un rôle déterminant au conseil du roi et prennent la tête du parti catholique. Ils rencontrent l'opposition croissante de la noblesse protestante qui se regroupe derrière les Bourbon (Antoine de Navarre et son frère, Louis, prince de Condé) et les trois frères Châtillon. Aux Pays-Bas ou en Ecosse, l'opposition aristocratique s'organise et prend peu à peu la tête de la dissidence religieuse. Dans les trois pays, au début des années 1560, la paix civile paraît à la merci d'un incident.

Anne du Bourg aurait publiquement refusé de consentir à la politique répressive de la monarchie et du parlement en demandant : « Croit-on que ce soit chose légère de condamner des hommes qui, au milieu des flammes, invoquent le nom de Jésus-Christ. »

Condamné à son tour en 1559, il monte sur le bûcher en priant : « O Dieu, ne m'abandonne jamais afin que jamais je ne t'abandonne. » Au milieu des pires épreuves, le martyre reste fidèle à l'Eternel.

Coexister ou combattre : « La douceur profitera plus que la rigueur » (Michel de l'Hospital)

Le royaume de France s'embrase le premier. En dépit de ses efforts et de ceux du chancelier Michel de l'Hospital, la reine mère, Catherine de Médicis, ne parvient pas à maintenir l'unité du royaume en

IMPIA CALVINI QVOD FVRTO E
DOGMATA LVGDVNI PICTA RVI
DVM SACRA LVGDVNI CALVINVS IVRA REVELLIT,
TEMPLORVM AC VRBIS TALIS IMAGO FVIT.

Bien que l'on n'y reconnaisse aucun édifice lyonnais, ce *Sac des églises de Lyon*, attribué à l'atelier d'Antoine Caron, donne une idée assez précise de l'iconoclasme protestant de 1562 : au fond un bûcher consomme les statues de bois et les croix ; au premier plan, une procession carnavalesque tourne les rites et les ornements catholiques en ridicule; à gauche, les vêtements ecclésiastiques sont vendus aux enchères sur une estrade ; à droite, dans la maison un peu sombre du premier plan, on fait l'inventaire des objets d'or et d'argent saisis dans les églises. Mais on doit remarquer l'absence de toute violence contre les personnes, ce qui laisse planer un doute sur la paternité et la signification réelle du tableau. S'agit-il d'une condamnation de l'iconoclasme, comme pourrait le faire croire la légende de la peinture ou d'une représentation impartiale de l'événement.

L'Erasmien Michel de l'Hospital incarne la recherche infructueuse d'une coexistence confessionnelle dans la France du début des années 1560.

imposant un compromis doctrinal ou une forme de coexistence religieuse aux partis rivaux. La réunion d'un grand colloque entre théologiens catholiques et protestants à Poissy en septembre 1561 ne suffit pas à rapprocher les points de vue des deux camps. Leurs positions doctrinales, au sujet de l'eucharistie notamment, sont trop opposées pour pouvoir être rapprochées ou conciliées. Catherine choisit alors de reconnaître officiellement le protestantisme par l'édit de Saint-Germain (janvier 1562) afin de « faire cesser tous troubles et séditions ». Les protestants pourront célébrer leur culte hors des villes, réunir des synodes et des consistoires après autorisation, avoir des pasteurs qui prêteront serment aux autorités ; en échange de quoi, ils restitueront les églises catholiques dont ils s'étaient emparés dans les derniers mois.

L'édit vient pourtant trop tard pour apaiser les passions. Les communautés réformées si conquérantes du Midi ne peuvent se résoudre à rendre les églises occupées et transformées en temples pour célébrer le culte hors de la ville dans des locaux médiocres ou trop petits. De leur côté, les catholiques intransigeants rejettent toute idée de tolérance. Le 1er mars 1562, le duc de Guise surprend un culte protestant dans l'enceinte de la petite ville de Vassy, en contravention avec les termes de l'édit. Son escorte armée disperse l'assemblée, faisant

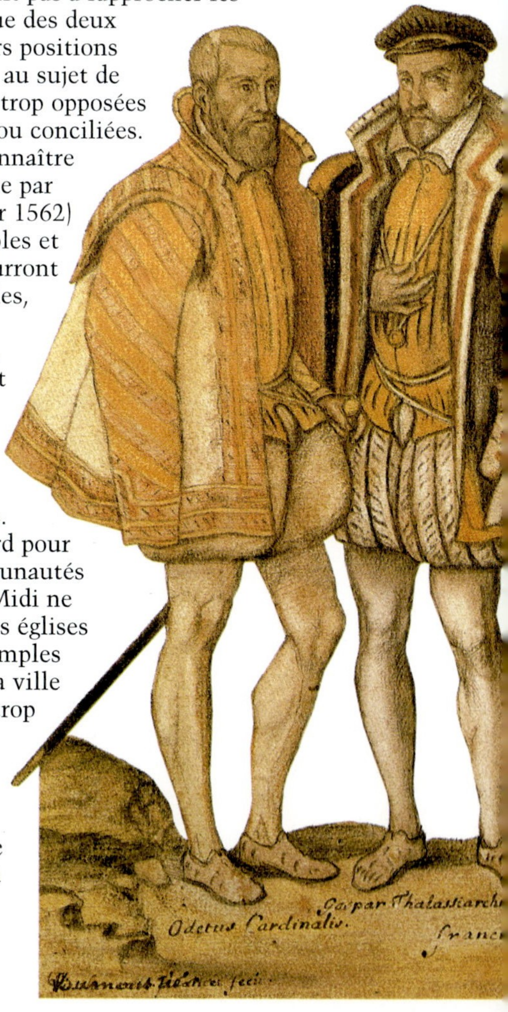

plusieurs dizaines de morts et de blessés. A l'appel de Condé, les protestants prennent les armes : la guerre commence.

« Une Evangile armée, un Christ empistollé » (Ronsard)

Dans la très longue période de troubles qui va agiter la France jusqu'aux années 1590, on distingue traditionnellement huit guerres de Religion, à peine interrompues par une série de trêves et de paix fragiles. Cette succession même de règlements péniblement arrachés et bientôt bafoués témoigne de l'exacerbation des passions et de l'impuissance du pouvoir royal.

De part et d'autre, les atrocités se multiplient et les victimes s'amoncellent, laissant des rancœurs durables que les martyrologes et la propagande effrénée se chargent d'entretenir : à Tours en 1562, la foule catholique se livre à un carnage où près de deux cents huguenots (les catholiques appellent désormais ainsi leurs adversaires, en souvenir peut-être des *Eidgenossen* – confédérés en allemand) trouvent la mort. Quelques mois plus tard, le baron des Adrets, qui commande les troupes protestantes dans la vallée du Rhône malgré ses convictions religieuses douteuses, massacre la garnison de Mornas à laquelle il a pourtant promis la vie sauve ; à Nîmes, le jour de la Saint-Michel 1567, les protestants tuent plusieurs dizaines de

En dépit de sa force de caractère et de son habileté politique, la régente, Catherine de Médicis (ci-dessus à gauche,) ne parvient pas vraiment à imposer ses vues aux grands du royaume qui se regroupent en factions irréconciliables, autour du duc de Guise (ci-dessus) pour les catholiques et des Châtillon pour les protestants. Les Châtillon sont trois frères, de gauche à droite : Odet, cardinal de Beauvais, ici en habit de laïque ; Gaspard de Coligny, amiral de France, victime de la Saint-Barthélemy ; François de Coligny d'Andelot, colonel d'infanterie.

catholiques, dont de nombreux prêtres.

Jusqu'en 1572, tout en sollicitant des appuis extérieurs, à l'image des huguenots qui livrent Le Havre à la reine d'Angleterre en échange de son aide, les adversaires cherchent à imposer leurs vues au gouvernement. Pour y réussir, ils essayent soit de s'emparer de la personne du roi, comme les protestants en

1560 (conjuration d'Amboise) et en 1567, soit d'exercer une influence déterminante au conseil du roi. Au lendemain de la paix de Saint-Germain (1570), l'amiral de Coligny, devenu chef incontesté du parti protestant depuis la mort du prince de Condé, semble en passe de réussir dans cette deuxième voie. Rentré en grâce, il siège régulièrement au conseil et prend de l'ascendant sur Charles IX qu'il tente de gagner à un ambitieux projet politique : la France, alliée à l'Angleterre, viendrait au secours des protestants des Pays-Bas révoltés contre leur souverain espagnol.

Ce projet inquiète la reine mère et la plupart des membres du conseil. Ils décident alors de profiter de ce que la noblesse protestante afflue à Paris à

Durant la sombre nuit du 23 au 24 août, le cadavre de Gaspard de Coligny est jeté par la fenêtre, insulté et mutilé, puis traîné par les rues et finalement pendu.

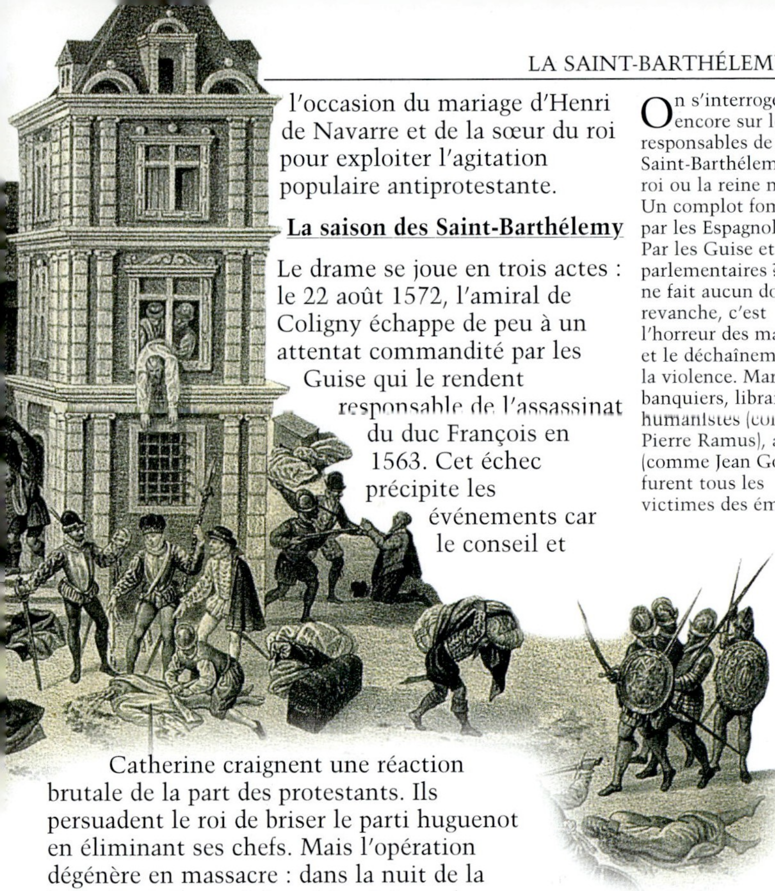

l'occasion du mariage d'Henri de Navarre et de la sœur du roi pour exploiter l'agitation populaire antiprotestante.

La saison des Saint-Barthélemy

Le drame se joue en trois actes : le 22 août 1572, l'amiral de Coligny échappe de peu à un attentat commandité par les Guise qui le rendent responsable de l'assassinat du duc François en 1563. Cet échec précipite les événements car le conseil et Catherine craignent une réaction brutale de la part des protestants. Ils persuadent le roi de briser le parti huguenot en éliminant ses chefs. Mais l'opération dégénère en massacre : dans la nuit de la Saint-Barthélemy (23 au 24 août), quelques hommes en armes que dirige Guise forcent la demeure de Coligny et tuent celui-ci. Au Louvre même, les protestants logés dans le palais sont massacrés : Henri de Navarre n'a la vie sauve que parce qu'il accepte d'abjurer et de se dire catholique.

Au matin, le peuple de Paris réveillé par le tocsin prend le relais et se livre à des excès pires encore. Hommes, femmes et enfants protestants sont victimes d'un carnage atroce qui dure plusieurs jours et que le pouvoir semble incapable d'arrêter. Cette Saint-Barthélemy parisienne fait peut-être trois mille morts et, sitôt connue, elle fait tache d'huile en province. A Angers, Lyon, Orléans, Meaux, Saumur,

On s'interroge encore sur les vrais responsables de la Saint-Barthélemy : le roi ou la reine mère ? Un complot fomenté par les Espagnols ? Par les Guise et les parlementaires ? Ce qui ne fait aucun doute, en revanche, c'est l'horreur des massacres et le déchaînement de la violence. Marchands, banquiers, libraires, humanistes (comme Pierre Ramus), artistes (comme Jean Goujon) furent tous les victimes des émeutes.

En apprenant la nouvelle de la Saint-Barthélemy, le pape Grégoire XIII fait chanter un *Te Deum* et allumer des feux de joie ; Philippe II, le roi d'Espagne, estime avoir là "un des meilleurs contentement" de sa vie. Mais les puissances protestantes sont scandalisées, à l'instar de la reine d'Angleterre, des cantons suisses et des princes allemands.

La Charité et Rouen, de semblables tueries se produisent fin août-début septembre ; à l'automne, de nouveaux massacres ensanglantent quelques villes du Sud-Ouest (Bordeaux, Toulouse, Gaillac).

Au total, les Saint-Barthélemy ont fait quelque dix mille morts, mais les responsables de ces terribles crimes n'ont pas réussi à éradiquer le protestantisme. Certes, les fuites à l'étranger, vers l'Angleterre, l'Allemagne ou Genève, et les conversions de protestants terrifiés sont nombreuses, surtout dans la moitié septentrionale du royaume. A Rouen, par exemple, on compte près de trois mille abjurations sur une communauté d'environ seize mille fidèles. Le parti huguenot se replie au sud, autour de La Rochelle et dans un grand croissant qui rejoint la Saintonge au Languedoc par la vallée de la Garonne. Dans ce bastion méridional, il se dote d'une organisation militaire et politique solide qui en fait pratiquement un Etat séparatiste. Cette république fédérative, que l'on a surnommée « Provinces-Unies du Midi », est dirigée par un exécutif collégial et par un « protecteur » chargé de commander les armées.

D'innombrables pamphlets attaquent Charles IX, le roi parjure et tyran qui endosse la responsabilité de la Saint-Barthélemy. Sous la plume d'auteurs comme Théodore de Bèze, le successeur de Calvin, ou François Hotman, une nouvelle théorie politique qui justifie le refus d'obéissance dans ces conditions et commence à soulever la question du tyrannicide voit le jour.

Le royaume, où s'affrontent les partis et les clientèles nobiliaires, où sévissent les soldats pillards aux mobiles bien peu religieux, où des provinces entières échappent à l'autorité royale, sombre dans l'anarchie. L'avènement d'Henri III en 1574 ne suffit pas à ramener la paix. Malgré ses efforts et ses

Henri III accède au trône dans des conditions difficiles en 1574 : le royaume sombre dans l'anarchie que la Saint-Barthélemy n'a fait qu'aggraver. Les factions se déchirent et des pans entiers du territoire échappent au pouvoir du roi. Ses tentatives pour ramener la paix, condition préalable de la restauration de son autorité, achoppent sur l'intransigeance des adversaires. La disparition de son frère, qui fait du protestant Henri de Navarre l'héritier présomptif de la couronne, envenime la situation.

Les catholiques aussi savent utiliser l'image pour opposer l'Eglise véritable aux hérétiques, comme dans cette gravure de 1585 dédiée au cardinal de Guise. L'Eglise catholique (en haut) se caractérise par la tradition dans l'administration correcte des sacrements, la succession apostolique illustrée par la file d'évêques dans le coin supérieur droit, l'universalité et la concorde (coin inférieur droit : assemblée d'ecclésiastiques inspirés par l'Esprit-Saint). Les hérétiques, au contraire, ont pour marques irréfutables la nouveauté opposée à la succession apostolique, l'agression contre le troupeau du Christ, les particularismes et la discorde.

manœuvres, le roi est l'objet de trop de pressions contradictoires pour restaurer l'Etat. Les catholiques, les protestants, mais aussi son propre frère, le duc d'Anjou, qui prend la tête de la révolte des « malcontents », tentent de lui dicter une politique favorable à leurs intérêts. Mais en 1584, ce frère encombrant et comploteur meurt, laissant le trône sans autre héritier légitime qu'Henri de Navarre, chef du parti protestant depuis 1576.

A gauche, feuille ligueuse à la gloire du meurtrier d'Henri III, le jacobin Jacques Clément, que le texte présente comme un martyr inspiré par Dieu. Après avoir frappé le roi à mort d'un coup de poignard, il est aussitôt massacré par la garde.

Henri de Navarre, roi de France

L'éventualité d'un roi hérétique scandalise les catholiques intransigeants. Afin de l'écarter, ils se regroupent derrière la maison de Guise dans une « Sainte union des catholiques » : la Ligue. Bénéficiant de solides appuis extérieurs (l'Espagne surtout, mais aussi le pape), s'appuyant sur l'immense clientèle des Guise qui entraîne avec elle la Champagne, la Picardie et la Bourgogne et de nombreuses

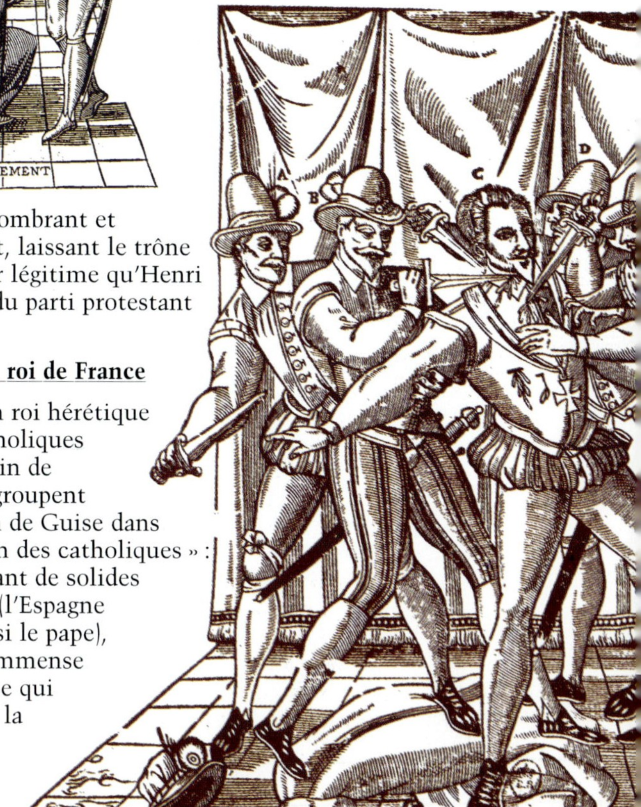

villes, la Ligue arrache des mesures antiprotestantes à Henri III dont elle ne se satisfait pas et entre bientôt en complète dissidence.

En mai 1588, travaillé par les agents des Guise et les religieux, le peuple parisien se soulève et contraint le roi à quitter la capitale où un gouvernement insurrectionnel (« les Seize ») s'installe. Henri III devient en fait l'otage de la Ligue : il doit se résoudre à nommer le duc de Guise lieutenant-général du royaume et à faire de la créature de celui-ci, le vieux cardinal de Bourbon, l'héritier présomptif du trône contre Henri de Navarre. Isolé et humilié, il ne reste au roi que l'arme de l'assassinat politique. Le 23 décembre 1588, il fait tuer le duc de Guise et son frère dans son château de Blois. Ce double meurtre précipite la radicalisation de la Ligue et le 1er août 1589, le dominicain Jacques Clément assassine Henri III.

En vertu des lois successorales du royaume, Henri de Navarre est sans conteste roi de France. Pourtant, le pays est loin de s'y résoudre. Les ligueurs refusent de le reconnaître et proclament le cardinal de Bourbon roi de France sous le nom de Charles X ; les catholiques modérés, autrefois fidèles à Henri III, se divisent, les uns rejoignant la Ligue, les autres se rapprochant de Navarre ; les protestants eux-mêmes manifestent des signes d'inquiétude devant les premiers engagements de celui qui reste leur « protecteur ».

L'assassinat du duc et du cardinal de Guise en 1588 est commandité par Henri III pour affaiblir la Ligue (au centre). « Enfin je suis roi », aurait-il dit alors. Mais la Ligue exploite pleinement l'indignation soulevée par ce double meurtre. Des centaines de pamphlets paraissent dans toute la France (ci-dessus) : pour Paris, 78 seulement en 1587, mais 157 en 1588 et 363 en 1589. Parmi eux, des feuilles rageuses qui qualifient le roi de « tyran », de « brigand » et de « félon ».

Henri IV peut néanmoins encore compter sur le parti huguenot, mais aussi désormais sur le soutien de ceux que l'on nomme les « politiques » et qui font de la restauration de l'autorité monarchique une priorité. Ses appuis, pourtant hétérogènes, sa légitimité tirée de l'ordre successoral, son talent militaire et son habileté politique permettent au nouveau roi de faire en quelques années la conquête de son royaume.

Sa conversion au catholicisme (juillet 1593), puis son sacre (février 1594) favorisent les ralliements des catholiques. Henri IV sait d'ailleurs les faciliter en promettant charges prestigieuses et gratifications.

La nouvelle de l'assassinat des Guise suscite une vive émotion à Paris, que les chefs de la Ligue attisent (ci-contre une caricature anti-ligueuse : les dix têtes des confédérés).

L'édit de Nantes

Avec le rétablissement de l'ordre intérieur et la soumission des provinces, l'Espagne doit renoncer à profiter des divisions de la France et signer le traité de Vervins (1598) qui met fin à la guerre entre les deux puissances. Le parti huguenot, pourtant, ne cache pas sa déception devant la politique d'Henri IV et devant sa conversion. Aussi le roi juge-t-il le moment venu d'imposer une forme de tolérance religieuse officielle à ses sujets.

« Maintenant qu'il plaît à Dieu de commencer à nous faire jouir de quelque meilleur repos, nous avons estimé ne le pouvoir mieux employer qu'à vaquer à ce qui peut concerner la gloire de son saint nom et service, et à pourvoir qu'il puisse être adoré et prié par tous nos sujets ; et s'il ne lui a plu de

Les confederez de La Ligue des guerres de paris en Lannée 1589 dix testes dans un Bonnet.

permettre que ce soit dès maintenant en une même forme de religion, que ce soit au moins d'une même intention et avec telle règle qu'il n'y ait point pour cela de trouble ou de tumulte entre eux et que nous et ce royaume puissions toujours mériter et conserver le titre glorieux de Très Chrétien [...] et par ce même moyen ôter la cause du mal et trouble qui peut advenir sur le fait de la religion. » Ainsi commence l'édit de Nantes (avril-mai 1598) qui proclame la liberté de conscience et autorise les protestants à célébrer leur culte dans des limites précises.

Dès janvier 1589, d'immenses processions – les unes officielles, les autres plus spontanées et peuplées d'enfants – se déroulent un peu partout dans les rues de la capitale, de jour comme de nuit (en haut et en bas). La peur de la fin des temps, la dévotion intense, l'exaltation des Guise

martyrs, le rejet violent d'Henri III mobilisent plusieurs semaines durant les foules, la présence du clergé y est si forte que l'on a pu parler d'une « révolution des curés ». Les ligueurs sont soutenus par le légat du pape, Gaetano.

A côté de cette relative tolérance religieuse, l'Etat accorde aux protestants de nombreuses garanties politiques : accès à toutes les charges, création de tribunaux mixtes à Bordeaux, Castres et Grenoble pour instruire de façon impartiale les affaires où des réformés seraient impliqués, remise de cent cinquante-sept places de refuge fortifiées (dont soixante-six pour lesquelles le roi nomme un gouverneur protestant et paie la garnison). Pour ne pas hérisser les catholiques et les parlementaires, l'édit pose cependant des restrictions : à Paris, sur les terres de Guise et dans les villes épiscopales, par exemple, le culte protestant est interdit. En dépit de ces réserves et de son caractère désordonné, l'édit de Nantes instaure, pour plus de vingt ans, une coexistence religieuse originale qui témoigne du renforcement de l'Etat et de sa laïcisation partielle.

Aux Pays-Bas : la révolte des Gueux

En revanche aux Pays-Bas, possession espagnole au sein de l'Empire, l'unité politique ne survit pas à la

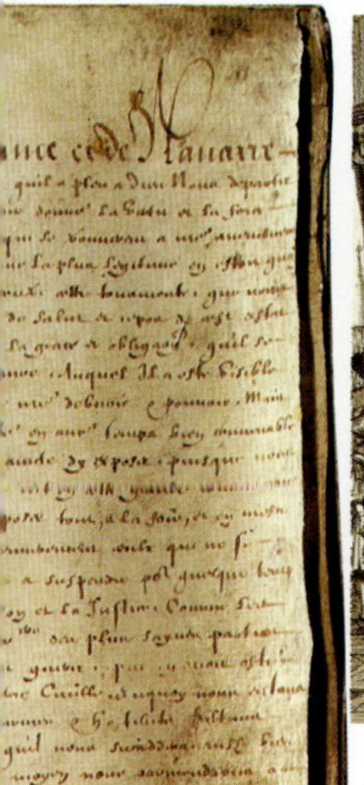

guerre civile de la seconde moitié du siècle. La situation commence de se dégrader en 1558, lorsque Granvelle, conseiller de la gouvernante Marguerite de Parme, prend la décision de ne plus convoquer les Etats-Généraux. Aussitôt, une opposition politique menée par le comte d'Egmont et le prince d'Orange, Guillaume de Nassau, se manifeste et elle finit par obtenir le renvoi de Granvelle. L'intransigeance religieuse du souverain, Philippe II, et les progrès rapides du calvinisme dans le milieu des artisans n'en laissent pas moins subsister une situation très tendue.

Dans l'été 1566, l'explosion se produit. Des bandes iconoclastes surgissent et dévastent les églises, abattant images, autels, vitraux, orgues... Le comte d'Egmont et Guillaume de Nassau gardent pourtant leurs distances vis-à-vis des émeutes, le premier affirmant même son attachement à la foi catholique. Le mouvement s'épuise rapidement, mais

Après son sacre à Chartres (à gauche) qui lui confère une légitimité supplémentaire, Henri IV travaille au redressement du royaume. L'édit de Nantes (au centre), malgré les oppositions qu'il suscite, constitue une étape importante de ce processus. A des parlementaires, qui renaclent à l'enregistrer (ci-dessus), Henri IV réplique : « Ne m'alléguez point la religion catholique ; je l'aime plus que vous. [...] Je suis fils aîné de l'Eglise, nul de vous ne l'est. [...] Je suis roi maintenant et parle en roi. Je veux être obéi. »

Philippe II ne se contente pas de ce retour à l'ordre négocié. Il veut venger l'honneur de Dieu et terrifier les hérétiques. Le duc d'Albe connu pour sa brutalité reçoit le commandement de vingt mille hommes afin de châtier les révoltés, mais la violence même de la répression finit par rapprocher l'opposition aristocratique des dissidents religieux : en 1572, Guillaume d'Orange adhère officiellement au calvinisme.

Le duc d'Albe n'obtient donc qu'un succès éphémère, rapidement démenti par la résistance des « gueux de mer » qui multiplient les coups de main maritimes contre les navires espagnols. En 1572, à la faveur d'une de ces attaques, les villes de Hollande et de Zélande se soulèvent. Dans la guerre qui s'éternise, ces provinces du Nord forment l'âme de la résistance à la domination espagnole, mais les efforts de reconquête du nouveau gouverneur, Alexandre Farnèse, sont couronnés de succès dans le Sud, si bien qu'en janvier 1579, deux coalitions rivales voient le jour et annoncent la partition inévitable du pays : l'union d'Arras rassemble ainsi, sous l'autorité du roi, les provinces du Sud majoritairement catholiques, alors que l'union d'Utrecht regroupe

Chargé en 1567 de restaurer l'autorité de Philippe II aux Pays-Bas, le duc d'Albe installe des garnisons espagnoles dans les villes et instaure un tribunal d'exception : le conseil des Troubles. Catholique et espagnole, la répression s'abat sur le pays (ci-dessus) : exécutions, notamment celle du comte d'Egmont, création de nouveaux impôts, écrasement des privilèges locaux. De nombreuses protestations, y compris de prélats catholiques, s'élèvent contre ces excès.

Guillaume d'Orange, dit le Taciturne, doit s'exiler le temps de la répression.

les sept provinces du Nord qui instaurent la liberté de culte. La rupture est consommée. En 1581, les provinces du Nord proclament la déchéance de Philippe II. Elles deviendront bientôt la république des Provinces-Unies.

En 1572, Guillaume d'Orange et son frère préparent une vaste offensive contre les troupes espagnoles, en se croyant assurés du soutien de la France. Les premières opérations sont couronnées de succès, mais la Saint-Barthélemy bouleverse les plans des insurgés lâchés par Charles IX, les soldats du duc d'Albe reprennent le dessus, mettant à sac Malines et ici Haarlem : la garnison de cette ville, qui résiste six mois à ses assiégeants, est massacrée, ainsi que quatre cents bourgeois de la ville (ci-contre). Le conflit pourtant se poursuivra jusqu'à la partition des Pays-Bas.

L'Europe éclatée

La guerre, civile et étrangère, et la fixation rapide des orthodoxies ont entériné l'éclatement religieux de la chrétienté latine. En l'espace d'une génération, la carte confessionnelle de l'Europe s'est singulièrement compliquée et la « robe sans couture » que célébraient les auteurs chrétiens a fait place à une mosaïque de blocs plus ou moins homogènes, d'enclaves et de frontières. En Suisse, en 1531, par exemple, la déroute

des troupes zurichoises devant celles des cantons catholiques à Kappel a consacré la division confessionnelle de la Confédération et mis un terme aux rêves, catholiques ou protestants, de réunification religieuse.

Presque partout, les autorités séculières ont profité de la Réforme ou de sa répression pour renforcer leur contrôle sur la vie religieuse : en vertu du principe *cujus regio, ejus religio*, les princes allemands peuvent imposer leur propre confession à leurs sujets et expulser les récalcitrants ; à la faveur de la rupture avec Rome, les souverains anglais deviennent chefs suprêmes de l'Eglise d'Angleterre ; en France même, les tribunaux royaux ne cessent d'empiéter sur les compétences des tribunaux ecclésiastiques afin de poursuivre avec plus de vigueur les hérétiques. De nouvelles Rome surgissent, autour desquelles s'organisent des Eglises : Wittenberg jusqu'à la mort de Luther, Londres et surtout Genève.

Dans cette nouvelle carte religieuse, morcelée et confuse, apparaît pourtant un contraste clair entre une Europe du Nord très largement passée au protestantisme (nord du Saint-Empire, Suède, Danemark-Norvège, Ecosse et Angleterre) et une Europe du Sud restée attachée au catholicisme (Italie, péninsule Ibérique, Allemagne du Sud). Entre les deux, une frange disputée, une zone d'affrontements, de pertes et de reconquêtes qui court des Pays-Bas au Luxembourg, traverse la Lorraine et l'Alsace et descend jusqu'en Franche-Comté. On retrouve grossièrement le tracé du *limes*, l'ancienne frontière de l'Empire romain, qui semble séparer catholiques et protestants, comme si, en deçà de cette frontière, les régions les plus

A la fin du XVIe siècle et au début du XVIIe siècle, la frontière confessionnelle est perceptible à tous, dans le vêtement ecclésiastique, comme dans l'architecture ou le décor des églises. La majesté ostentatoire de l'intérieur des églises catholiques – comme ici la cathédrale d'Anvers peinte par Peeter Neef au XVIIe siècle – qui accueillent peu à peu les nouveaux éléments du décor baroque, contraste fortement avec l'austérité délibérée des temples protestants (ci-dessus, le temple de Charenton, haut lieu du protestantisme français du XVIIe siècle, construit sur les plans de Salomon de Brosses). Pour les catholiques comme pour les protestants, néanmoins, le clergé se distingue du commun des fidèles par un vêtement particulier qui varie d'une confession à l'autre (à gauche, un pasteur protestant de la fin du XVIIe siècle).

anciennement christianisées et les plus proches géographiquement de Rome étaient restées fidèles au catholicisme.

Pour les laïcs aussi (ici une Genevoise calviniste), le vêtement est signe d'apparence confessionnelle.

Partout, des minorités

Les affrontements religieux du siècle et l'affirmation des Etats ont néanmoins laissé subsister d'importantes minorités dans plusieurs pays. En France notamment, le redressement de l'autorité monarchique avec Henri IV a permis au souverain d'octroyer aux huguenots une reconnaissance légale.

L'Angleterre élisabéthaine doit elle aussi composer avec des minorités religieuses actives alors même que l'Eglise anglicane reçoit ses structures définitives. Avec son dogme très inspiré du calvinisme et ses structures hiérarchiques héritées de l'Eglise romaine, elle suscite un double rejet de la part de ceux que l'on nomme les puritains à partir des années 1560 et qui dénoncent les résidus papistes qui l'encombrent (vêtements sacerdotaux, cérémonies extérieures, épiscopat...), mais aussi de la part des catholiques. Peu nombreux, ces derniers sont cependant assez bien implantés dans le Lancashire (le quart de la *gentry*), le Cheshire et le Yorkshire. Leur faiblesse numérique n'empêche pas le pouvoir de s'inquiéter de leurs éventuelles relations avec les puissances étrangères catholiques et de l'afflux de missionnaires dès le milieu des années 1570. Au tournant du siècle pourtant, l'assagissement des catholiques anglais, qui renoncent à toute résistance politique, leur vaut une demi-tolérance.

Plus exemplaire encore, la diversité confessionnelle des Pays-Bas après l'éclatement politique des années 1570. Au sud, certes, l'effort très vigoureux de reconquête catholique mené par les autorités politiques, le clergé séculier et surtout les religieux ne s'accommode guère de la tolérance. Les supplices cessent, mais de multiples pressions s'exercent sur les protestants qui ne peuvent pas célébrer leur culte ni accéder aux charges publiques. Au nord, en revanche, dans les sept provinces sécessionnistes, la tolérance religieuse s'impose de fait comme une nécessité. Théoriquement calvinistes, les Provinces-Unies ne comptent, en effet, pas plus de vingt pour cent de calvinistes. Aussi doivent-elles, malgré l'interdiction officielle qui le frappe, tolérer l'existence d'un culte catholique, dans les campagnes notamment. Le respect de la liberté de conscience s'étend également aux autres communautés dissidentes, comme les anabaptistes, voire aux juifs.

Les guerres de la seconde moitié du XVIe siècle et l'emballement de la controverse ont sans doute précipité la formation de partis antagonistes et la délimitation plus stricte des orthodoxies, mais les minorités n'ont pas disparu pour autant et les Etats n'ont pu se dispenser d'adopter, bon gré, mal gré, des formes empiriques de tolérance. Pour bien des chrétiens, jusqu'à la fin du siècle, les frontières confessionnelles sont demeurées floues et poreuses, y compris dans leurs propres comportements.

«L'épreuve constituée pour le protestantisme, sur le continent, par la guerre de Trente Ans, le fut outre-Manche par les fameuses révolutions d'Angleterre [ci-dessus, réunion de presbytériens écossais sous Charles Ier]. La part des menées catholiques y fut grande, mais aussi celle des querelles protestantes. Et c'est là que ce XVIIe siècle anglais a une place de premier plan dans l'histoire générale du protestantisme. Il y tient, de plus, un rôle profondément original. Tandis que, ailleurs, la vie d'Eglise était le plus souvent la chose des princes, des conseils, des clergés et des théologiens, en Angleterre les masses populaires, avec leurs multitudes de petits chefs, y intervinrent de manière décisive. Aussi le pays [...] fut-il le banc d'essai de tous les complexes socio-ecclésiastico-politiques auxquels peut donner lieu la Réforme.»

Emile Léonard, *Histoire générale du protestantisme,* 1961

Page suivante : l'intérieur d'un temple protestant aujourd'hui, caractérisé par la sobriété de son architecture et de son décor.

TÉMOIGNAGES ET DOCUMENTS

Les causes de la Réforme

Aux explications traditionnelles – la Réforme serait née des abus de l'Eglise médiévale –, les historiens ont, depuis le XIXe siècle, substitué des analyses plus nuancées, qui tiennent compte aussi bien des facteurs proprement religieux que des causes économiques, démographiques et politiques.

Luther dicte à ses disciples sa traduction de la Bible en allemand.

La Réforme, œuvre de la providence divine

Théodore de Bèze, successeur de Calvin à Genève, donne une interprétation très intellectuelle des origines de la Réforme.

Etant arrivé le temps que Dieu avait ordonné, pour retirer ses ouailles hors des superstitions survenues peu à peu en l'Eglise romaine, et comme pour ramener derechef la splendeur de sa vérité, quoique dès un siècle auparavant et plus, elle eût été chassée par le fer et le feu, lorsque Jean Wiclef [Wycliff], et après lui Jean Hus et Hierosme de Prague l'avaient apportée et présentée au monde, il suscita premièrement en Allemagne un grand personnage nommé Jean Reuchlin [...] pour redresser la connaissance de la langue hébraïque du tout abolie entre les chrétiens, à laquelle s'opposèrent de toutes leurs forces les théologiens de Cologne et de Louvain. Mais Dieu rompit tellement ce dessein que par sentence définitive donnée à

Rome, Reuchlin fut absous, et l'étude de la langue hébraïque approuvée, montrant en cela le Seigneur que pour bâtir son Eglise, il se sait bien servir même de ses principaux adversaires.

De cette école de Reuchlin sont issus depuis ces grands personnages, allemands, Conrad Pellican, Jean Oecolampade, Sebastian Munster, Jean Capito, Paul Fagius, et une infinité d'autres. D'autre part, les études commencèrent de fleurir à Louvain même, et de là, environ ce temps, vint à Paris Erasme de Rotterdam, Hollande, qui se remit sur l'étude de la langue latine. Et déjà Jaques Fabri [Faber] de Staples, en Picardie, docteur de Sorbonne, mais digne d'une meilleure compagnie, voyant l'université de Paris toute confite en une horrible barbarie et sophisterie, redressait les vraies études des arts, travaillant même à montrer et corriger les fautes de la commune translation latine du Nouveau Testament, sur le grec original. […] La barbarie reçut un si grand coup alors en France, qu'elle fut grandement ébranlée, et depuis toujours est allée en décadence. Qui plus est, le pape Léon, dixième de ce nom, autorisa la nouvelle translation latine du Nouveau Testament faite par Erasme, au lieu que nos maîtres de Paris le condamnaient comme hérétique, à cause de certains dialogues latins appelés ordinairement *Colloques*, dans lesquels il reprenait plusieurs abus et superstitions, les brocardant avec une merveilleuse dextérité.

Ces choses n'étaient que préparatives de la grande bonté et miséricorde de Dieu, pour une grande œuvre, comme il apparut tantôt, non pas que la sagesse de Dieu manifestée par la Sainte Parole se serve par nécessité des sciences humaines, mais pour ce que la barbarie ayant enseveli toute la connaissance des langues, dans lesquelles les secrets de Dieu sont écrits, il était requis ou que Dieu derechef envoya le don des langues sur les hommes miraculeusement, comme au commencement de l'Eglise primitive sur les apôtres, ou bien qu'il remit en usage les moyens ordinaires d'apprendre les langues, et de pouvoir lire derechef l'écriteau mis sur la tête du Seigneur en croix. Outre que ces études des sciences libérales réveillèrent les esprits auparavant tout endormis.

Alors donc que furent suscités de Dieu deux personnages d'esprit vraiment héroïques, et en même temps, pour découvrir les abus et superstitions de l'Eglise romaine ; l'un au pays de Saxe, à savoir Martin Luther, théologien, de l'ordre des augustins, à Wittenberg, ville capitale de l'électorat de Saxe ; et Ulrich Zwingle [Zwingli], du canton de Zurich en Suisse.

in *Histoire ecclésiastique des Eglises réformées du royaume de France*, 1580

Luther, un ambitieux

Dès le début des années 1560, Pierre de Ronsard est engagé dans la controverse contre les protestants.

[L'opinion] a les pieds de vent, et dessus les aisselles,
Comme un monstre emplumé, porte de grandes ailes :
Elle a la bouche ouverte, et cent langues dedans,
Sa poitrine est de plomb, ses yeux prompts et ardents,
Tout son chef est de verre, et a pour compagnie
La jeunesse, l'erreur, l'orgueil et la manie.
De ses tétons ce monstre un Vuiclif allaita,

Et en dépit du Ciel un Jean Hus enfanta,
Puis elle se logea sur le haut de la porte
De Luther son enfant, et dit en cette sorte.
Mon fils, il ne faut plus que tu laisses rouiller
Ton esprit en paresse, il te faut dépouiller
Cet habit monstrueux, il faut laisser ton cloître :
Aux princes et aux rois je te ferai connaître,
Et si ferai ton nom fameux de tous côtés,
Et rendrai dessous toi les peuples surmonter.
Il faut oser beaucoup : la Fortune demande
Un magnanime cœur qui ose chose grande.
Ne vois-tu que le pape est trop enflé de biens !
Comme il presse sous soi les princes terriens !
Et comme son Eglise est toute dépravée
D'ambition, de gloire, et d'honneur abreuvée !
Ne vois-tu ses suppôts paresseux et poussifs,
Découpez, parfumez, délicats et lascifs,
Fauconniers et veneurs, qui occupent et tiennent
Les biens qui justement aux pauvres appartiennent,
Sans prêcher, sans prier, sans garder le troupeau,
Dont ils tirent la graisse, et déchirent la peau ?
Dieu t'appelle à ce fait : courage, je te prie :
Le monde ensorcelé de vaine piperie
Ne pourra résister : tout va de pis en pis,
Et tout est renversé, des grands jusqu'aux petits.
La foi, la vérité de la terre est bannie,
Et règnent en leur lieu luxure et gloutonnie :
L'extérieur domine en tout ce monde ici,
Et de l'intérieur personne n'a souci.
Pour ce je viens du ciel pour te le faire entendre,
Il te faut maintenant en main les armes prendre :
Je fournirai de feu, de mèche et de fusil :
Pour mille inventions j'aurai l'esprit subtil,
Je marcherai devant et d'un cri vraisemblable
J'amasserai pour toi le vulgaire muable,
J'irai le cœur des rois de ma flamme attiser,
Je leur ferai citer en deux parts diviser,
Et serai pour jamais ta compagne.
Tu feras grand plaisir aux princes d'Allemagne,
Qui sont marris de voir (comme étant généreux)
Un évêque électeur qui domine sur eux :
S'ils veulent qu'en leur main l'élection soit mise,
Il faut rompre premier les forces de l'Eglise :
Un moyen plus gaillard ne se trouve sinon
Que de monter en chaire, et d'avancer ton nom,
Abominer le pape, et par mille finesses
Crier contre l'Eglise, et décrier les messes.

Pierre de Ronsard,
Remontrance au peuple de France,
1563

Au XVIIe siècle, les «abus»

L'idée d'une Réforme née des seuls abus du clergé s'est très tôt imposée aux catholiques, qui voyaient là le moyen d'écarter toute question sur les dogmes et les pratiques de l'Eglise du Moyen Age, comme aux protestants.

Autant que j'ai pu le comprendre, l'ignorance des ecclésiastiques aux

Caricature anticatholique : le pape se livrant au trafic des indulgences.

siècles précédents, leur luxe, leurs débauches, les mauvais exemples qu'ils donnaient, ceux qu'ils étaient obligés de souffrir par la même raison, les abus enfin qu'ils laissaient autoriser dans la conduite des particuliers, contre les règles et les sentiments publics de l'Eglise, donnèrent lieu, plus que toute autre chose, à ces grandes blessures qu'elle a reçue par le schisme et l'hérésie.

Louis XIV,
Mémoires pour servir à l'instructiondu Dauphin,
vers 1670-1671

Nouvelles explications : les historiens du XIXe siècle

L'historien prussien Léopold von Ranke souligne le fossé qui sépare, au début du XVIe siècle, le Saint Empire de l'Italie et attribue ce faisant à Luther et à l'Allemagne un rôle décisif dans l'éclosion de la Réforme.

En Italie, on était surtout saisi par la beauté de la forme, et on débuta par imiter celle de l'Antiquité ; comme nous l'avons dit, on parvint à créer une littérature nationale. En Allemagne, ces études prirent une direction religieuse. On connaît la célébrité de Reuchlin et d'Erasme. Si l'on recherche en quoi consiste le principal mérite de Reuchlin, c'est qu'il composa la première grammaire hébraïque. [...] Ce travail facilita l'étude de l'Ancien Testament. Erasme s'occupa du Nouveau Testament ; il le fit d'abord imprimer en grec ; sa paraphrase, ses annotations produisirent un effet qui dépassa de beaucoup le but qu'il s'était proposé.

La même tendance des esprits en Italie à se séparer de l'Eglise et à se mettre en opposition avec elle se représenta aussi en Allemagne. Dans le premier pays, le scepticisme, qui ne peut jamais être entièrement réprimé, avait pénétré dans la littérature et enfanta une incrédulité décidée. En Allemagne, au mouvement littéraire se joignit une théologie nouvelle. [...]

Et c'est ainsi qu'en deçà et au-delà des Alpes la marche des idées du siècle conduisait à se mettre en lutte avec l'Eglise. De l'autre côté des Alpes, cette marche était liée avec la science et la littérature ; de ce côté, elle sortait des études ecclésiastiques mêmes et des travaux d'une théologie plus profonde. De l'autre côté, elle était négative et incrédule ; de ce côté, elle était positive et croyante. En Italie, elle détruisait le fondement de l'Eglise ; en Allemagne, elle le rétablissait de nouveau. Là elle était moqueuse, satirique, et se soumettait au pouvoir ; ici elle était pleine de zèle et de colère, et s'éleva à l'attaque la plus hardie que l'on ait jamais tentée contre l'Eglise romaine.

Rien n'était plus capable que la doctrine des indulgences de scandaliser un homme comme Luther, d'un sentiment religieux mystique très prononcé, pénétré des notions sur le péché et la justification telles qu'il venait de les exprimer dans un livre de théologie, inspiré par l'Ecriture dont il s'était nourri avec toute l'ardeur d'un cœur altéré.

Léopold von Ranke,
Histoire de la papauté pendant les XVIe et XVIIe siècles,
1834-1839

Michelet voit dans Luther le détonateur de la Réforme et non sa cause. Il cesse ainsi d'interpréter la révolte de Luther dans un cadre exclusivement national, voire nationaliste.

Le grand éclat de Luther, sa personnalité puissante, le succès de sa résistance, rayonnèrent dans toute l'Europe, et la Réforme en fut encouragée. D'elle-même elle était née partout.

Partout, en France, en Suisse, elle fut indigène, un fruit du sol et de circonstances diverses qui pourtant donnèrent un fruit identique.

Jules Michelet,
Histoire de France,
tome VIII : Réforme, 1855

L'historiographie moderne

Depuis le texte devenu célèbre de Lucien Febvre, la recherche historique rejette toute explication simpliste de la Réforme par les abus de l'Eglise et souligne l'importance des questions proprement religieuses.

«Noz grans abuz sont à tous si publicques
Que laboureurs, marchans et mécanicques
Les vont contant en grande irrision.»

Jean Bouchet, rimeur bien intentionné de la *Déploration de l'Eglise militante*, n'est pas seul en 1512 à se lamenter ainsi : mais les historiens de la Réforme, s'ils avaient du Moyen Age et de son histoire ecclésiastique une connaissance autrement approfondie, s'aviseraient fréquemment, en parcourant les doléances des hommes du XVe et du XVIe siècles, qu'ils se trouvent en présence de plaintes rituelles, pour tout dire, d'une littérature qu'il faut lire *cum grano salis*, en y faisant le départ du personnel et de l'accidentel.

Et puis encore, n'y a-t-il pas quelque légèreté à collectionner et à flétrir avec tant de docte sévérité des faiblesses et des défaillances privées, alors que de toute évidence, le mal dont l'Eglise

Allégorie de la Réforme : la vraie et la fausse Eglises.

souffrait était moins « personnel » qu'« institutionnel » ? Car ces excès, ces misères que les hommes du temps dénoncent, à la suite de leurs pères et de leurs grands-pères, avec tant d'énergie traditionnelle – un système les entretenait après les avoir engendrés : le système bénéficial, dotant chaque fonction ecclésiastique d'une propriété qui tout naturellement, aux yeux de ses usufruitiers, finissait par primer la fonction elle-même. [...]

Les choses en sont là. Deux notions simples, aujourd'hui comme autrefois, s'imposent aux historiens. L'une d'elles n'a point changé. La Réforme est née des abus, on continue de le répéter machinalement. L'autre ? En France, dit-on maintenant, ce n'est pas Luther ; ce sont des Français, dans une large mesure indépendants de lui, qui ont donné le branle au mouvement de Réforme et, quelquefois, l'ont appelé de leurs vœux avant que Luther ne se soit fait entendre. Notions simples, oui : mais qui, sous leur forme neuve, s'avèrent incohérentes.

Car le lien solide qu'on pouvait nouer jadis entre Luther et les abus en assignant pour cause à la révolte du moine sa protestation contre les charlataneries d'un Tetzel – impossible de le nouer entre un Lefèvre, savant de cabinet, et des abus matériels ou formels auxquels ce vieillard, passionné de vie spirituelle, n'a jamais accordé l'importance obsédante qui justifierait, en ce qui le concerne, la théorie séculaire. Mais il y a plus.

Tiré sur le devant de la scène, Lefèvre y amène avec lui un cortège de problèmes qui conduisent fort loin des ordinaires déclamations sur les abus. Car, s'il était autrefois possible de présenter une Réforme surgissant, par enchantement, au jour et à l'heure où, pour la première fois le héros Luther se dresse en pied contre le noir Tetzel. Lefèvre, d'aucune façon, n'est un commencement. Lefèvre, c'est une suite d'idées, dont le développement n'est pas toujours commode à retracer. C'est un complexe de sentiments profonds et variés dont il nous invite lui-même à chercher, en remontant les origines anciennes : sentiments d'un humaniste et en même temps d'un dévot ; d'un commentateur d'Aristote, mais qui à publier les rêveries extatiques de quelque moine du XIVe siècle, apporte le même soin pieux qu'à expliquer l'*Ethique* ou l'*Organon*.

Lucien Febvre,
Une question mal posée : les origines de la Réforme française et le problème des causes de la Réforme, 1929

Contre les interprétations simplificatrices, l'historiographie moderne réhabilite les enjeux proprement intellectuels et religieux et suggère la pluralité et la complexité des causes de la Réforme.

On aurait tort, en outre, de négliger les divers facteurs politiques et économiques qui ont joué au XVIe siècle, ainsi que les fortes rancunes depuis longtemps accumulées contre la papauté et contre les moines. Il ne faut donc pas sous-estimer la complexité du problème des causes de la Réforme. Mais l'historiographie non marxiste contemporaine est unanime à donner la priorité, dans la hiérarchie des explications de la crise, aux phénomènes religieux. […] Ainsi voit-on que la recherche historique actuelle est résolument orientée, en ce qui concerne la Réforme, vers l'étude des doctrines et de leurs rapports avec la mentalité des foules du XVIe siècle. La cause principale de la Réforme aurait finalement été celle-ci : dans une époque troublée, qui voyait en outre s'affirmer l'individualisme, les fidèles auraient senti le besoin d'une théologie plus solide et plus vivante que celle que leur apprenait – ou ne leur apprenait pas – un clergé souvent peu instruit et routinier, trop de desservants faméliques et incapables remplaçant les curés titulaires, eux-mêmes insuffisamment formés.

Jean Delumeau,
Naissance et affirmation de la Réforme,
Paris, PUF, 4e édition, 1965

Sensible aux problèmes théologiques et la question du Salut, Pierre Chaunu souligne aussi l'importance particulière de l'Europe rhénane dans l'histoire de la Réforme : c'est l'Europe très peuplée, aux puissantes cités marchandes, aux taux d'alphabétisation élevé qui donne son souffle à l'expansion des idées nouvelles.

On sait que la Réformation peut se condenser dans deux propositions : *Sola Fide* et *Sola Scriptura*, qui sont aussi les deux axes de son histoire. Il est difficile d'établir une hiérarchie. La Réforme

Illustration d'un cantique de Luther demandant l'aide de Dieu contre les entreprises meurtrières du pape. Au milieu, Dieu précipite le pape, les dignitaires ecclésiastiques et un Turc aux enfers.

luthérienne part du *Sola Fide*. Elle est, à partir de l'expérience de l'Eglise saxonne, la réponse au refus d'une évidence libératrice et confirmée par l'Ecriture. Sans le *Sola Scriptura*, on voit mal comment elle aurait pu s'imposer. La voie réformée, qui appelle à remodeler l'Eglise sur le noyau dur, central de la Sainte Ecriture, a pu naître dans le milieu humaniste, proche et cependant distinct du milieu universitaire. L'axe du *Sola Scriptura* est, à partir de Zwingli, celui de l'axe dense de toutes les réussites culturelles de l'Europe, médiane, rhénane, alpestre. D'une Europe où l'Etat territorial n'a pas encore solidifié le corps social en d'épaisses masses difficiles à manier. Mais sans le *Sola Fide*, où serait le choc émotionnel qui fait que l'on meurt joyeusement, si Dieu nous appelle à ce témoignage, puisque tout est grâce et qu'Il nous aime ?

Pierre Chaunu,
L'Aventure de la Réforme,
Paris, 1986

De l'évangélisme au calvinisme

Aux premiers pas hésitants de la Réforme française, où se croisent les aspirations évangéliques, les influences luthériennes et les tentations radicales, succède une progressive conquête calviniste. Les protestants du royaume adoptent le modèle genevois.

Lefèvre d'Etaples, l'humaniste.

Propos condamnés par la Sorbonne dans la décision du 6 novembre 1525

Lefèvre d'Etaples, l'inspirateur du mouvement évangélique français avec Erasme, invite lui aussi à placer sa confiance en Dieu seul et non dans les œuvres humaines, aussi bonnes et nombreuses soient-elles.

Pour être exaucé de Dieu quand nous le prions, il n'y a rien qui plus fasse à nous ouïr et exaucer que confiance et espérance en sa bonté et miséricorde par notre seigneur Jésus-Christ. L'esprit du prophète nous enseigne si bien la manière de faire oraison lequel si nous suivons ne pouvons errer. Quand il dit : *Miserere mei deus, miserere mei, quoniam in te confidit anima mea.* Aie merci de moi mon Dieu, aie merci de moi, car mon âme a fiance en toi, il n'allègue point pour être exaucé ses œuvres, ses mérites, ni ses bienfaits, mais pour tout il dit aie pitié de moi, car mon âme a fiance en toi. Ainsi fait-il en plusieurs autres passages comme Seigneur Dieu j'ai espérance en toi, je ne serai point confondu éternellement. Comme s'il disait la meilleure chose que je te pourrai alléguer pour être exaucé et ce qui te plaît le plus c'est se fier en toi. Nous voyons assez par l'exemple en l'évangile d'aujourd'hui faisant mention d'un pharisien et d'un publicain. Le pharisien se fiait en ses œuvres, en ses jeûnes, en ses mérites. Il disait Mon Dieu je te remercie, je ne suis point comme les autres, larron, injuste, adultère et encore comme ce publicain. Je jeûne deux fois la semaine, je pare bien mes dîmes. Et le publicain se défiant de soi-même, se confiant en la bonté et miséricorde de Dieu, en grande humilité et révérence de poing frappait et accusait sa coulpe et n'osant lever les yeux en haut disait :

Mon Dieu sois propice à moi pécheur. Et notre Seigneur nous dit maintenant ce qu'il advint à l'un et à l'autre c'est que l'un, à savoir le publicain, s'en retourna plus justifié que l'autre. Car tous ceux qui s'exalteront (dit notre Seigneur), tous ceux qui se glorifieront en eux mêmes, ils seront humiliés et confus. Et ceux qui s'humilieront et réputeront rien et à Dieu tout, ils seront exaltés et glorifiés. Ayons donc toute notre espérance en Dieu, humilions nous à Dieu. Attribuons tout à Dieu, à sa bonté miséricorde. Ne nous glorifions en rien et nous serons exaucés de Dieu.

Jacques Lefèvre d'Etaples,
Epîtres et évangiles pour les cinquante-deux semaines de l'an,
Fac-similé de l'édition de Simon du Bois, 1525, par M. A. Screech,
Exhortation du XIe dimanche après la Pentecôte, fol. CCXVI sq.,
Genève, Droz, 1964

Calvin et l'iconoclasme

Calvin critique sévèrement le culte des saints et de leurs reliques : il y voit une pratique idolâtre, injurieuse à la majesté divine.

Au lieu de chercher Jésus-Christ en sa parole, en ses sacrements et en ses grâces spirituelles, le monde, selon sa coutume, s'est amusé à ses robes, chemises et drapeaux et ce faisant à laissé le principal pour suivre l'accessoire. […] Il serait besoin d'avoir registres de toutes parts, pour savoir quelles Reliques on dit qu'il y a en chaque lieu, afin d'en faire comparaison. Et alors on connaîtrait que chaque apôtre avait plus de quatre corps et chaque saint pour le moins deux ou trois; autant en serait-il de tout le reste. Bref, quand on aurait tout amassé en un monceau, il n'y aurait celui (personne) qui ne fut étonné, voyant la moquerie tant sotte et lourde, laquelle néanmoins a pu aveugler toute la terre. Je pensais que puisqu'il n'y a si petite église, cathédrale qui n'ait comme une fourmilière d'ossements et autres tels menu fatras que serait-ce si on assemblait toute la multitude de deux ou trois mille évêchés, de vingt mille ou trente mille abbayes, de plus de quarante mille couvents, de tant d'églises paroissiales et de chapelles ? Mais encore le principal serait de les visiter et non pas nommer seulement. Car on ne les connaît point toutes à nommer. En cette ville [Genève] on avait, disait-on dans le temps passé, un bras de saint Antoine. Quand il était enchâssé, on le baisait et adorait; quand on le mit en avant on trouva que c'était le membre d'un cerf. Il y avait un grand autel de la cervelle de saint Pierre. Pendant qu'elle était enchâssée on n'en faisait nul doute. Car c'eût été un

Dévastation des églises par les iconoclastes, gravure antiprotestante.

blasphème de ne s'en fier au billet. Mais quand on éplucha le nid et qu'on y regarda de plus près, on trouva que c'était une pierre de ponce. Je pourrais réciter beaucoup de semblables exemples, mais ceux-ci suffiront pour donner à entendre combien on découvrirait d'ordure si on faisait une fois une bonne visite universelle de toutes les reliques d'Europe, voire avec prudence, pour savoir discerner.

Traité des reliques ou avertissement très utile du grand profit qui reviendrait à la chrétienté s'il se faisait inventaires de tous les corps saints et reliques, Genève, 1599

L'édit de Châteaubriant

Avec l'avènement d'Henri II, la répression du protestantisme prend une ampleur nouvelle, comme l'attestent la création d'un tribunal ad hoc, *la Chambre ardente, et la fermeté des édits qui appellent les juges royaux et ecclésiastiques à pourchasser les hérétiques sans ménagement.*

Henri, etc.

Savoir faisons, que nous par l'avis et délibération des gens de notre conseil privé, après que cette matière, qui est la cause de Dieu où chacun doit prêter l'épaule et s'employer de toutes ses forces, y a été bien et mûrement consultée et communiquée à plusieurs bons, grands et notables personnages, zélateurs et singulièrement amateurs du bien et repos de notre république chrétienne, avons notre édit déclaré, statué et ordonné, et de nos certaine science, pleine puissance et autorité royale, déclarons, statuons et ordonnons

1. Que tant à nos cours souveraines qu'à nos juges présidiaux, et à chacun d'eux dorénavant appartiendra par

Le massacre de Cahors en 1561.

prévention de la connaissance, punition et correction que nous leur commettons et attribuons, de toutes personnes contrevenant aux édits et ordonnances et déclaration de feu roi notredit seigneur et père, et de nous, concernant l'hérésie luthérienne, et les autres erreurs et fausses doctrines, sectateurs et ses imitateurs, spécialement aussi des infracteurs et transgresseurs de notre présent édit et de ceux qui seront trouvés dogmatisant, fournissant les hérétiques, et qui mettront en avant lesdites nouvelles doctrines contre notre foi et religion, et observations des constitutions de l'Eglise, proférant les paroles contre l'honneur de Dieu, de sa benoîte et

sacrée mère Vierge, du saint sacrement de l'autel, et des benoîts saints et saintes.

Donnant par ces présentes plein pouvoir, autorité et mandement spécial à nos dites cours, et juges présidiaux, et à chacun d'eux respectivement de procéder contre les personnes de la qualité dessus dite pourvu qu'ils ne soient constitués en ordres sacrés, ensemble de les faire punir comme séditieux, schismatiques et perturbateurs de l'union et repos publique, rebelles et désobéissants à nos ordonnances et commandements. Et ce privativement à tous autres juges, mêmes les ecclésiastiques, en ce qui touchera et concernera les cas ci-dessus déclarés.

2. Et néanmoins demeurera aux prélats et juges d'Eglise la juridiction et connaissance qui leur appartient, des personnes qui sans scandale public, commotion populaire, sédition ou autre crime emportant offense publique et les crimes contenus en l'article précédent, seraient éloignés et dévoyés de l'observation de notre sainte foi et religion, et tombés en erreurs et crimes d'hérésie, dont serait besoin faire déclaration, et aussi des clercs promus et constitués en ordres sacrés, où la dégradation est ou serait requise, suivant les saints décrets et constitutions canoniques.

Edit de Châteaubriant, 1551
in F.-A. Isambert,
Recueil général des anciennes lois françaises, tome XIII,
1546-1559

La Réforme et les arts

L'apport artistique de la Réforme fait l'objet de jugements contradictoires : d'un côté, l'iconoclasme et l'hostilité déclarée de Zwingli ou de Calvin aux images religieuses ont certainement constitué des freins à la création artistique ; d'un autre côté, les divers courants protestants ont aussi inspiré des formes artistiques spécifiques et promises à un bel avenir.

Luther et la musique

De tous les réformateurs, c'est Luther qui se montre le plus favorable à la musique.

C'est un des meilleurs, un des plus magnifiques dons de Dieu que la musique. Satan la déteste fort, car elle nous aide à chasser bien des tentations et bien des mauvaises pensées. Le diable ne peut supporter de l'entendre. C'est un des arts supérieurs. La musique rend le texte vivant. Elle chasse l'esprit de tristesse, à preuve l'histoire du roi Saül. [...] Il faut que les rois, princes et potentats sauvegardent la musique. Il convient aux grands princes et souverains de veiller aux lois et arts libéraux. Ce ne sont pas des citoyens privés qui, malgré leur désir, et leur goût pour elle, pourraient, isolés comme ils le sont, la maintenir en honneur.

Le landgrave Georges de Hesse et le duc Frédéric, électeur de Saxe,

entretenaient des chanteurs et une maîtrise. Maintenant c'est le tour du duc de Bavière, du roi Ferdinand et de l'empereur Charles. Et on voit dans la Bible que les pieux rois avaient donné un statut aux chantres et musiciennes, les entretenaient et les payaient.

Luther,
Propos de table,
Traduction de L. Sauzin

Soucieux de porter le plus efficacement possible la parole de Dieu aux simples, Luther compose lui-même des cantiques en langue allemande, dont le célèbre «Ein feste Burg ist unser Gott».

Une solide forteresse est notre Dieu,
Un bon rempart et une bonne arme.
Il nous délivre de toute détresse,
Qui maintenant nous assaille.
Le vieil ennemi malin
Se met à l'Œuvre à présent avec ardeur,
Une grande puissance et des ruses
nombreuses,
Voilà son cruel armement.
Il n'a pas son pareil sur terre.

Traduction de P. Veitt

L'opposition de Calvin aux images

A diverses reprises, Calvin, quant à lui, condamne avec véhémence toute représentation de la divinité qu'il juge contrevenir aux commandements de Dieu.

Pour ce que cette sottise brutale a eu la vogue par tout le monde d'apprêter des images visibles pour figurer Dieu, et de ce fait [les hommes] s'en sont bâtis de bois, de pierre, or, argent et toute matière corruptible, il nous faut tenir cette maxime : toute et chaque fois qu'on représente Dieu en image, sa gloire est faussement et méchamment corrompue. Par quoi Dieu en sa Loi, après avoir déclaré que c'est à lui seul que toute majesté appartient, voulant enseigner quel service il approuve ou rejette, ajoute aussitôt après : «Tu ne te feras image ou statue ou remembrance aucune».

Calvin,
Institution de la religion chrétienne, 1559

La tolérance de Luther

La position de Luther est infiniment plus souple. Le réformateur de Wittenberg concède aux images religieuses une utilité relative, mais réelle. Il renvoie dos à dos les iconoclastes et les idolâtres : les images peuvent être utiles, à condition de savoir s'en servir.

En ce qui concerne les images, le cas est le même : elles ne sont pas nécessaires, mais nous sommes libres d'en avoir ou de ne pas en avoir; quoiqu'il serait préférable que nous n'eussions pas les dites images, à cause de l'abus funeste et maudit et de l'impiété auxquels elles donnent lieu. Il s'est élevé autrefois une grande querelle entre un empereur et un pape. L'empereur voulait qu'il n'y eut pas d'images; le pape disait qu'il en fallait; et, finalement, ce conflit aboutit à une grande effusion de sang. Mais l'un et l'autre ont commis la même faute : ils ont fait une obligation de ce que Dieu a laissé libre. Mon cher ami, ne place pas ton jugement personnel au-dessus de la haute majesté divine. Si Dieu avait voulu faire de cela un commandement ou une interdiction, il eût bien pu le faire. Mais puisqu'il a laissé la chose libre, pourquoi as-tu l'audace d'en faire un commandement ou une interdiction, contre la liberté de Dieu?

Luther,
Troisième Prédication,
mars 1522,
Traduction de D. Menozzi

La violence religieuse, les mots et les actes

La violence des guerres de Religion a semblé inouïe aux contemporains eux-mêmes. A partir de 1560, en effet, les scènes d'horreur, de massacres et de mutilations se sont multipliées, portées par le déchaînement des passions, la haine de l'hérésie, l'attente angoissée de la fin des temps.

Les Vaudois du Lubéron accueillent ici un pasteur calviniste.

Deux controversistes jésuites

Dès la fin du XVIe siècle, les jésuites inspirent le réveil de la controverse catholique.

Comme l'idolâtrie était la fondrière de tous les vices, et une pépinière produisant tous vices, de même l'hérésie parmi les chrétiens est un cloaque, faite de l'égout de toutes les abominations, et un cloaque duquel découlent toutes abominations.

L. Richeome

En cette grande Babylone [Genève], il y a autant de merveilles qu'il y de ministres au monde. Là-dedans, les médecins prêchent, les prédicants pratiquent, les évêques se marient, les moines se sécularisent, les bêtes parlent grec, les chevaux sont docteurs, les ministres commandent, la noblesse obéit, les théologiens sont pères de famille, et souventes fois pères de famine, les pères de famille sont prélats, les savetiers exposent la Bible, les soldats portent la robe, les docteurs portent l'épée et la rotonde, les apostats sont en honneur, les gens de bien sont infâmes, c'est une Babel que cette ville.

F. Garasse

Deux poèmes huguenots

C'est sous la forme de psaumes que s'affirme l'impatience protestante du début des années 1560 et la certitude de l'emporter sur l'ennemi papiste.

Devinez maintenant si la Messe
succombe
Que deviendra le reste ? Il faudra que
tout tombe.
Vos braves marmots d'en haut en bas
sauteront,

Les pauvres trépassés plus rôtis ne seront
Les brasiers flamboyants de votre Purgatoire.
Les marchands corones ne tiendront plus leur foire,
Et ne vendront le chant, le baiser, les paroles,
Le son, ni le regard de leur braves idoles.
Les temples, de leur gain détestables boutiques,
Seront tout désolés et eux et leur trafic.

1563

Les Papelards (prélats), porteurs de rogatons
Rouges museaux avec doubles mentons
Nez bien perlés, yeux bordés d'écarlate
Mettant le bien des pauvres sous leur patte
Les orphelins et veuves dévorant…

Arrêt de Mérindol contre les Vaudois

Les Vaudois, lointains héritiers de l'hérésie médiévale, ralliés au calvinisme, sont victimes d'une véritable expédition punitive montée par le parlement d'Aix et les autorités avignonaises.

La cour a condamné et condamne au bûcher et à être brûlé vifs : André Maynard, bayle, François Maynard, Martin Maynard, Jacques Maynard, Michel Maynard, Jean Pons, Fassi, Bertrand Vian, Jean Pellenc, Hugues Pellenc, Peyron Rey, Philippon Maynard, tous de Mérindol ; Jacques de Savigny maître d'école, maître Hélion Barberoux, de Tourves, Claude Favier de Tourves ; le libraire Pomery et sa femme Marthe, religieuse il y a peu de temps encore à Nîmes ; Thomas Pellenc, du plan d'Apt, Guillaume le Normand, habitant à Mérindol. Barberoux et Favier seront brûlés en la place publique de Tourves, Thomas Pellenc en la place publique d'Apt, les autres en la place des Jacobins de la ville d'Aix-en-Provence S'ils ne peuvent être arrêtés, ils seront tous exécutés en portrait et en effigie.

Quant aux femmes, enfants, serviteurs et famille de tous les condamnés défaillants cités plus haut, la cour les désapprouve et les réprouve, pour qu'ils soient présentés à la justice qui procédera à l'exécution des sanctions et peines du droit qu'elle décidera contre eux.

Au cas où ils ne pourraient être ni capturés ni appréhendés, dès à présent la cour les a bannis et les bannit des royaumes, terres et seigneuries du roi, avec interdiction et défense d'y pénétrer et d'y venir sous peine d'encourir la corde ou le bûcher.

La cour déclare également que tous et chacun des biens des condamnés et bannis précités, de leur femmes et enfants, de leurs serviteurs et famille, sont pris et confisqués au bénéfice du roi. Il est également interdit et défendu à tous gentilshommes, vassaux et autres sujets du roi d'accueillir et de cacher les condamnés, leurs femmes, enfants, serviteurs et famille, de leur donner quelque secours, aide ou réconfort de quelque manière que ce soit. Les contrevenants seront condamnés à la confiscation de leur biens et à d'autres peines à l'appréciation de la cour.

De plus, attendu que notoirement tout le territoire de Mérindol sert de retraite et refuge aux tenants de ces sectes condamnées et rejetées, la cour a ordonné et ordonne que toutes les maisons et bastides de l'endroit soient abattues, démolies et rasées et que le lieu soit rendu inhabitable, afin que personne ne puisse y réédifier ni bâtir sans la volonté et la permission du roi ; que les châteaux et les grottes, les repaires et les points fortifiés dans les montagnes et les bois du terroir de Mérindol soient détruits et mis en ruine pour empêcher tout retranchement fortifié. De même, pour que les lieux soient à découvert et bien visibles, les bois où sont ces lieux fortifiés seront coupés et abattus sur deux cents pas alentour. De plus il est interdit de donner à ferme, en arrentement ou autrement les héritages situés à cet endroit à quiconque est du nom ou de la lignée des condamnés précités.

Parlement d'Aix-en-Provence,
novembre 1540

Profanation du cadavre d'un huguenot surnommé Nez d'argent et exécuté à Paris en 1562

Attestées dans un grand nombre de cas, les profanations de cadavres témoignent d'une volonté d'élimination complète de l'hérétique.

Quand ils l'eurent jeté
Du haut de la potence
Tous ces petits enfants
Se sont réunis ensemble
A la voierie l'ont traîné
L'avait-il bien mérité

Ils ont pris leur chemin
Par la Ferronnerie
Lié et garotté
Menant joyeuse vie,
Criant, chantant joyeusement
Voici venir le Nez d'argent

Quand ils l'eurent traîné
Dedans son cimetière
Par dedans le ruisseau
Qui lui servait de bière
Toutes ses tripailles ont tiré
Pour dedans un feu les bouter

Quand ils l'eurent traîné
Où était sa sépulture
Bientôt lui ont ôté
Les tripes et la fressure,
Puis de son cœur un chien l'a avalé.

La profanation du cadavre de Coligny

L'amiral de Coligny est l'une des premières victimes de la Saint-Barthélemy.

Le corps de l'admiral demeura le reste de la nuit en laquelle il fut saccagé sur le pavé de la rue, devant le logis où il fut tué, jusques au lendemain huit heures du matin, que les petis enfants de la rue et aultres l'enlevèrent avec cordes qu'ils lui mirent aux pieds et au col et le traînèrent par les autres rues dudit Paris. En le traînant, ils lui firent son procès, tout ainsi que s'ils eussent été juges et gens de justice, et par leur sentence le condamnèrent à être traîné par les dites rues de Paris d'un carrefour à l'autre, comme vilain, séditieux et perturbateur du repos public, conspirateur contre son roi, profiteur de sa patrie, et finalement à être brûlé à petit feu comme hérétique et huguenot, et fut par eux enfants cette sentence sur lui prononcée de carrefour à autre, lue et publiée par les rues où il fut traîné ; et étant parvenus au lieu par eux désigné pour le brûler, ils allumèrent un feu de feutre et de bois sur son corps. Ce fait, se lassèrent de le plus promener, et pour en libérer la terre, le jetèrent dedans la rivière de Seine, pour le rafraîchir, où il fut quelque trois ou

quatre jours et jusqu'à ce que son procès criminel fût fait par les messieurs de la cour du parlement.

in *Mémoires de Claude Haton contenant le récit des événements accomplis de 1553 à 1582*

L'iconoclasme huguenot

Témoignage du notaire Mathurin Robin, sur le pillage de la commanderie de Saint-Antoine d'Aubeterre (mai 1562).

Il est dit que [...] au mois de mai dernier passé, et le treizième jour dudit mois, il était audit lieu de Saint-Antoine; auquel lieu survint certain grand nombre de gendarmes tant à pied qu'à cheval, qui étaient conduits par un nommé le capitaine Chanterrac, et les dits compagnons arrivés audit lieu, il vit et fut pressant qu'une partie de ladite gendarmerie, qui était de la nouvelle secte et religion appelée Huguenaulx, entrèrent en l'église de Saint-Antoine, et y étant ils rompirent, démolirent entièrement les chapelles, autels et autres choses qui y étaient ensemble les vitraux et vitres qui étaient autour de ladite église, et non contents de ce prirent lesdits Huguenaulx les images, ornements de ladite église, comme chapelles, chaisibles, cortibaux, qui étaient en ladite église en grande quantité, des ornements qui servaient à faire le service divin, ensemble les livres qui étaient en nombre environ une douzaine, écrits en parchemin, et ceux jetèrent avec lesdits ornements dans un feu qu'ils avaient fait devant de ladite église, et ils firent brûler lesdites choses ensemble.

Vu que lesdits voleurs n'étant pas rassasiés de leur rage entrèrent en la commanderie et maison de monastère qui est adjacente à elle, en laquelle ils commencèrent à rompre entièrement tous les coffres, lits, chaix, dressoirs, tables, chaises et autres meubles qui y étaient, et ceux [...] firent brûler dans ledit feu; allèrent au cellier de ladite commanderie [...] à la persuasion et sollicitation de Guilhaume Gurnauld, barbier, Marc de Villedieu, Perrin du Breuilh, fils de Blois, Massé Dubreuilh, Perrine Guilhet, femme de Jean Gurusset, Margueritte Grand, femme de Pierre Recusset, Pasquet Cousturier et sa femme Mariette Parunaud, Jean Pourcherat, fillacier, Anne Durand et sa femme Jeanne Gugnier et une qui demeure en la maison de Jean Deschamps dudit Saint Antoine. [...] Tous les gueux nommés, en favorisant lesdits séditieux à leur entreprise, prirent et emportèrent de la dite commanderie tout le vin qui y était, qui était environ de huit ou neuf barriques de vin en nombre; lequel vin, lesdits nommés emportaient et charriaient avec brocs et autres instruments, et aussi emportaient tous les autres meubles de ladite commanderie et les enfermaient et recélaient en leur maison, et emportèrent tout le blé qui était en ladite commanderie qui était en nombre en tout, tant de blé froment que autres groseilles, de vingt pipes ou environ.

Archives départementales de la Vienne (3 H 1, liasse 1053)

Une religion mondiale

Au regard de leur œuvre et de leur influence, Luther et Calvin ne peuvent être comparés sans précautions : autant le premier a joué un rôle capital dans l'affirmation d'une identité allemande, en partie grâce à sa traduction de la Bible, autant le second paraît avoir donné naissance à une « internationale calviniste » encore perceptible aujourd'hui.

Allégorie de la Réforme.

L'expansion calviniste

Sociologue de la religion, Ernst Troeltsch insiste sur les spécificités de l'éthique calviniste qui ont favorisé l'expansion mondiales des idées du réformateur genevois.

Le luthéranisme est, pour l'essentiel, resté cantonné dans son pays d'origine, l'Allemagne, et en Scandinavie. Avec les Eglises écossaise et hollandaise, puis avec les Eglises anglaises dissidentes, enfin avec la majorité des confessions américaines, le calvinisme s'est acquis une situation mondiale qui ne cesse de croître. Et même l'Eglise anglicane, partout exportée dans la foulée de l'expansion anglaise dominant le monde, a subi, en provenance de son environnement calviniste, certaines influences très substantielles, exercées par la sphère des idéaux pratiques de Calvin, bien que l'anglicanisme soit, en matière de droit ecclésiastique

et de culte, le contraire, pour ainsi dire, du calvinisme. [...]

La véritable raison de l'extraordinaire situation mondiale du calvinisme [...] est fondée dans l'idéal du calviniste ; et c'est lui qui, en fait, lui a donné la possibilité d'emboîter le pas aux grandes évolutions économiques et politiques du monde occidental et de faire siens les principes démocratiques propres à la politique constitutionnelle moderne, et ceux qui président aux progrès économiques. C'est là ce qui le distingue le plus nettement du luthéranisme dont la conception de l'Etat est antidémocratique et absolutiste, qui est dépourvu d'esprit résistant, professe l'obéissance et adopte, en matière d'économie, une attitude traditionaliste qui porte aux nues le système établi de l'organisation corporatiste.

Ernst Troeltsch,
Calvinisme et luthéranisme, 1909,
Traduction de Marc B. de Launay,
in *Protestantisme et modernité*,
Gallimard, Paris, 1991

Luther et la nation allemande

L'historien Joseph Rovan souligne l'apport considérable de Luther à l'identité allemande que ne fonde aucune appartenance étatique.

L'apparition géniale de Luther sera saluée à travers toutes les Allemagnes comme le signe d'une double libération : religieuse et nationale.

Avec Luther, le Christ se met à parler allemand, mais si les neuf dixièmes de la nation sont alors entraînés dans le grand soulèvement, le drame central de l'histoire allemande des Temps modernes réside dans le fait que l'empereur, flamand devenu espagnol, restera attaché à l'Eglise romaine. Qu'on imagine un instant le formidable élan qu'aurait donné à la volonté nationale un empereur luthérien !

Alors que les guerres fratricides déchirent l'Allemagne depuis plus de trois siècles, des affrontements entre Charles Quint et les princes protestants jusqu'à la guerre entre la Prusse et l'Autriche en 1866, la conscience commune du peuple est tenue en éveil et propagée par les écrivains et les philosophes. Aucun des princes luthériens ne peut prétendre sérieusement à l'Empire, mais la loyauté envers l'empereur catholique sera toujours limitée chez les protestants. La nation allemande s'affirme non pas dans le sillon de l'Etat comme en France, mais dans la multiplicité des Etats dont aucun ne parvient à la capter entièrement.

Joseph Rovan,
La Formation de la nation allemande,
in A.-M. Le Gloannec,
L'Etat de l'Allemagne,
La Découverte, Paris, 1995

L'espace calviniste

Alastair Duke constate lui aussi l'internationalisation du calvinisme, mais il invoque davantage une explication de type ecclésiologique.

A l'exception notable de la Scandinavie, les Eglises luthériennes furent confinées aux territoires allemands, aux minorités germanophones des pays slaves et aux marchands étrangers qui commerçaient avec les villes de l'Empire. A l'opposé, les communautés réformées couvrirent, plus ou moins rapidement, l'espace européen de la fin du XVIe siècle, de la Transylvanie aux îles écossaises. Seuls l'Italie, la péninsule Ibérique et les pays nordiques restèrent fermés. Les Eglises réformées n'ont pas seulement grandi, ou du moins cohabité avec d'autres confessions, dans différentes contrées, elles aussi ont témoigné d'un grand sens de la solidarité confessionnelle. C'est pour cette raison que le puritain anglais modéré William Bradshaw refusa de parler « des Eglises qui partagent notre communauté de foi comme d'étrangères… car elles sont toutes citoyennes du Ciel et nous formons tous une seule famille ». […]

Dans une certaine mesure, Calvin lui-même a été l'artisan de ce caractère cosmopolite. Son respect pour la catholicité de l'Eglise et son souci constant de défendre la cause commune

de l'Evangile empêchèrent le Réformateur d'origine française de se consacrer exclusivement aux problèmes ecclésiastiques de Genève. Chez lui, l'Eglise visible devait, en effet, comprendre « tous ceux qui par confession de foi avouent un même Dieu et un même Christ ». Cette Eglise comprenait aussi « les Eglises qui sont distribuées par chacune ville et village ».

Alastair Duke,
in A. Pettegree et A. Duke,
Calvinism in Europe, Cambridge, 1994

Assemblée de huguenots dans le «désert», dans le Sud-Est, au XVIIIe siècle.

BIBLIOGRAPHIE

– Bedouelle, G. et Roussel, B., *Le Temps des Réformes et la Bible*, Beauchesne, Paris, 1989.
– Blickle, P., *Communal Reformation, the Quest for Salvation in Sixteenth Century Germany*, Atlantic Highlands, New Jersey, 1992.
– Calvin, J., *Œuvres choisies*, Folio Gallimard, Paris, 1995.
– Chaunu, P., *L'Aventure de la Réforme, le monde de Jean Calvin*, Hermé-Desclée de Brouwer, Paris, 1986.
– Chaunu, P., *Le Temps des Réformes, histoire religieuse et système de civilisation*, Fayard, Paris, 1975.
– Christin, O., *Une Révolution symbolique, l'iconoclasme huguenot et la reconstruction catholique*, Editions de Minuit, Paris, 1991.
– Delumeau, J., *Naissance et affirmation de la Réforme*, PUF, Paris, 4e éd. 1983.
– Delumeau, J., *Le Catholicisme entre Luther et Voltaire*, PUF, Paris, 2e éd. 1971.
– Denis, P., *Le Christ étendard, l'homme-dieu au temps des réformes (1500-1565)*, Editions du Cerf, Paris, 1987.
– Elton, G. R., *Reform and Reformation : England 1509-1558*, in Dickens, A. G., Gash, N., *The New History of England*, tome II, Edward Arnold, 1977.
– Farge, J. K., *Le Parti conservateur au XVIe siècle, Université et parlement de Paris à l'époque de la Renaissance et de la Réforme*, Collège de France, Paris, 1992.
– Fèbvre, *Martin Luther, un destin*, PUF, Paris, 1928, rééd. 1988.
– Gagnebin, B., *A la Rencontre de Jean Calvin*, Georg, Genève, 1964.
– Garrisson, J., *Les Protestants au XVIe siècle*, Fayard, Paris, 1988.
– Higman, F., *La Diffusion de la Réforme en France 1520-1565*, Labor et Fides, Genève, 1992.
– Hofmann, W. (éd.), *Luther und die Folgen für die Kunst*, Prestel, Munich, 1984 (catalogue d'exposition).
– Lebrun, F. (éd.), *Du Christianisme flamboyant à l'aube des Lumières*, in Le Goff, J. et Rémond, R. (éds), *Histoire de la France religieuse*, tome II, Le Seuil, Paris, 1988.
– Léonard, E. G., *Histoire générale du protestantisme*, 1961, rééd. PUF, Paris, 1988.
– *Martin Luther und die Reformation in Deutschland, Austellung zum 500ten Geburtstag Martin Luthers*, Germanisches Nationalmuseum Nürnberg, 1983 (catalogue d'exposition).
– Mayeur, J.-M., Piétri, C., Vauchez, A., Venard, M. (éds), *Histoire du christianisme*, tome VII, *De la Réforme à la Réformation (1450-1530)*, tome VIII, *Le Temps des confessions (1530-1620/30)*, Desclée, Paris, 1992.
– Moeller, B., *Villes d'Empire et Réformation*, Droz, Genève, 1966.
– Pettegree, A. (éd), *The Early Reformation in Europe*, Cambridge University Press, 1992.
– Pettegree, A., Duke, A. & Lewis, G. (éds), *Calvinism in Europe 1540-1620*, Cambridge University Press, 1994.
– Schilling, H., *Religion, Political Culture and the Emergence of the Early Modern State, Essays in the German and Dutch History*, Brill, Leiden, 1992.
– Scribner, B., *For the Sake of Simple Folk, Popular Propaganda for the German Reformation*, Cambridge University Press, 1981.
– Scribner, B., Porter, R., Teich, M. (éds), *The Reformation in National Context*, Cambridge University Press, 1981.
– Simon, E., *La Réforme*, Time-Life International, Hollande, 1967.
– Wirth, J., *Etudes d'histoire religieuse*, Droz, Genève, 1981.

TABLE DES ILLUSTRATIONS

CHAPITRE I

CHAPITRE II

42hd/43m Signature et sceau de Charles Quint de l'édit de Worms. Archives municipales, Strasbourg.
42m Luther convoqué à la diète de Worms par l'empereur Charles Quint en avril 1521, gravure.
43hg Frédéric Le Sage, électeur de Saxe, peinture de Lucas Cranach. Musée du Louvre, Paris.
43d Luther en costume de chevalier devant Worms, gravure de Heinrich Göding, 1598.
44 Page de titre illustré par Cranach du Nouveau Testament de Martin Luther, Wittenberg, 1546.
45g Début de l'Ancien Testament de Martin Luther, Wittenberg, 1524.
45hd *Traité sur le baptême*, par Martin Luther, Zwickau, 1536.
46 Page de titre du *Manifeste à la noblesse chrétienne de la nation allemande* de Martin Luther, Strasbourg, 1520.
47g *Manifeste à la noblesse chrétienne de la nation allemande* de Martin Luther, Strasbourg, 1520.
47hd Recueil des Sermons de Martin Luther, Augsbourg, 1520.
48 *Le Triomphe de la Vérité*, gravure de Hans Heinrich Freiermut, 1520.
48b Signature de Martin Luther.
49 *Jean-Frédéric et le groupe des réformateurs*, peinture de Lucas Cranach, 1543. The Museum of Art, Toledo.
50h Portrait de Luther en moine augustin nimbé et surmonté de la colombe du Saint-Esprit, gravure de Hans Baldung Grien, 1521.
50b Luther écrit sur la porte de l'église de Wittenberg avec une grande plume qui renverse la tiare pontificale, gravure satirique suisse du XVIe siècle. Bibl. nat., Paris.
51 *La Vraie et la Fausse Eglises*, gravure de Lucas Cranach, 1546.
52/53 *Luther dans le vignoble*, peinture de Lucas Cranach, 1569. Eglise Sainte-Marie, Wittenberg.
54 Portrait d'Ulrich Zwingli, peinture de Hans Asper, 1549. Kunstmuseum, Winterthur.
55h Destruction des reliques et des statues dans une église par des iconoclastes, gravure satirique de Erhard Schön, 1530.
55b Prédication de Thomas Muntzer, gravure in Johann Lichtenberger, *Prophecien und Weissagungen*.
56h La révolte des Paysans, gravure coloriée.
56d Projet de monument en souvenir de la guerre des Paysans, gravure de Albrecht Dürer, Nuremberg, 1525. Bibl. nat., Paris.
56/57 La révolte des Paysans, gravure coloriée de Peter Flettner, 1522-1523. Schlossmuseum, Gotha.
57h La révolte des Paysans : un marchand d'indulgences pendu par des paysans, gravure de Niklaus Manuel Deutsch, 1525.
58/59 *Le Sac de l'abbaye de Weissenau*, miniature in *Chronique de la guerre des Paysans* de l'abbé Murer, 1525. Archives du château de Waldburg.
60/61h-b Luther présente le baptême du Christ au prince-électeur Jean-Frédéric et sa femme, gravure de Jacob Lucius, 1555-1558.
61h Portrait de Philippe Melanchthon, peinture de Lucas Cranach, 1532. Gemäldegalerie Alte Meister, Dresde.
62g Origine et épanouissement de la Réforme, enluminure in *Lesser Town gradual*, 1572. Bibliothèque de l'université, Prague.
62hd Henri VIII, Luther, Calvin et Zwingli (de dos), vitrail du XVIe siècle. Eglise de Montfort-l'Amaury.
63 La Ligue de Smalkade, gravure signée «HD», 1546.

CHAPITRE III

64 Portrait de Jean Calvin, peinture anonyme, XVIe siècle. Bibliothèque universitaire et publique, Genève.
65 Le Catéchisme de Jean Calvin, page de titre, Genève, 1549.
66 Portrait de Martin Bucer à l'âge de 53 ans, gravure de Boivin. Bibliothèque du Protestantisme, Paris.
67h *Institution de la religion chrétienne*, de Jean Calvin, détail de la page de titre, première édition française, 1541. Bibliothèque du Protestantisme, Paris.
67b L'*Institution de la religion chrétienne*, détail du frontispice, 1557. Bibl. nat., Paris.
68h Portrait de Théodore de Bèze, peinture anonyme du XVIe siècle. Bibliothèque du Protestantisme, Paris.
68/69h Jean Calvin refusant la cène aux libertins, esquisse de J. Lugardon. Bibliothèque publique et universitaire, Genève.
69d Jean Calvin dans son cabinet de travail lisant l'*Institution*, gravure de G. Visscher. Bibliothèque publique et universitaire, Genève.
70hd Portrait de Jean Calvin, croquis de l'élève Jacques Bourgoin de Nevers pris sur le vif lors d'un cours de Jean Calvin à l'académie de Genève, dessin à la plume, 1564. Bibliothèque publique et universitaire, Genève.
71g-b Fragment d'un sermon autographe de Calvin prêché à Genève en 1550.
71d Calvin en chaire, gravure.
72h Colloque des prédicants à Anvers, gravure de Franz Hogenberg.

CHAPITRE IV

CHAPITRE V

1580. Musée Condé, Chantilly.
109hg Portrait de Catherine de Médicis, dessin de François Clouet. Bibl. nat., Paris.
109hd Portrait de François de Lorraine, duc de Guise, peinture de Clouet. Musée du Louvre, Paris.
110/111 La Saint-Barthélemy : assassinat de l'amiral de Coligny, gravure. Bibl. nat., Paris.
112 Portrait d'Henri III, peinture attribuée à François Quesnel. Musée du Louvre, Paris.
113 *L'Eglise catholique et l'Eglise des hérétiques*, gravure de 1585 dédiée au cardinal de Guise. Bibl. nat., Paris.
114h *Figure de l'admirable Jacques Clément*, gravure. Bibl. nat., Paris.
114b Assassinat du duc de Guise, gravure. Bibl. nat., Paris.
115h Pamphlet de la Ligue : l'ordre de l'Union, 1588, dessin. Bibl. nat., Paris.
116m/ 117md Les confédérés de la Ligue, gravure. Bibl. nat., Paris.
116/117hb Procession de la Ligue dans l'île de la cité, peinture anonyme, France, fin XVIe siècle. Musée Carnavalet, Paris.
118h Sacre d'Henri IV, gravure. Bibl. nat., Paris.
118/119m L'édit de Nantes, France, fin XVIe siècle. Archives nationales, Paris.
119h L'enregistrement de l'édit de Nantes, le 25 février 1599, gravure. Bibl. nat., Paris.
120 Persécutions du duc d'Albe, peinture anonyme, Pays-Bas, XVIe siècle. Art Gallery and Museums, Cheltenham.
121 Portrait de Guillaume Ier d'Orange-Nassau, peinture de Antonio Moro, 1555-1556. Gemäldegalerie, Kassel.
122/123 Massacre des habitants de Haarlem par les Espagnols, juillet 1573, gravure de Franz Hogenberg. Bibliothèque publique et universitaire, Genève.
124g Pasteur, gravure allemande du XVIe siècle. Bibl. des Arts décoratifs, Paris.
124d Intérieur de la cathédrale d'Anvers, détail, peinture de Peter Neefs. Musée des Beaux-Arts, Rennes.
125h Le temple de Charenton, gravure, 1624. Bibl. nat., Paris.
126 Femme honnête genevoise : «La décence, la vertu et la piété sont toujours les plus beaux ornements féminins», gravure, 1577. Bibliothèque publique et universitaire, Genève.
127 Réunion de presbytériens écossais sous Charles Ier, gravure, 1638.
128 Intérieur d'un temple protestant.

TÉMOIGNAGES ET DOCUMENTS

129 Luther prêchant, in *Catechismus für die Gemeine Pfarhrer und Prediger*, 1533. Bibl. nat., Paris.
130 *Luther dictant la traduction de la Bible*, peinture de L. Gey, XIXe siècle.
133 Le trafic des indulgences, gravure de Hans Holbein, XVIe siècle.
134-135b Allégorie anticatholique, gravure vers 1524, signée «MS».
136-137 Illustration d'un cantique de Luther de 1542 contre les entreprises meurtrières du pape et des Turcs, gravure sur bois, XVIe siècle. Bibl. des Arts décoratifs, Paris.
138 Portrait de Jacques Lefèvre d'Etaples, gravure du XVIe siècle. Bibl. nat., Paris.
139 Dévastation des églises durant les guerres de Religion, gravure de Soligny, d'après Emile Bayard.
140-141 Le massacre de Cahors en 1561, gravure. Bibl. nat., Paris.
142 *Luther jouant de la musique en famille*, peinture de Gustave Adolph Spangenberg, 1866. Museum der Bildenden Künste, Leipzig.
144 Vaudois chantant des psaumes, illustration de Bombled pour une édition de 1900 de l'*Histoire de France* de Michelet. Coll. part.
146-147b «Les Jugements et les condamnations», massacre de catholiques par Pierre de l'Etoile, 1589. Bibl. nat., Paris.
148 Allégorie de la Réforme, gravure de 1580. Bibl. nat., Paris.
150-151 Assemblée de protestants dans le désert, gravure du XVIIe siècle. Bibl. nat., Paris.

INDEX

A

CRÉDITS PHOTOGRAPHIQUES

Archiv für Kunst und Geschichte, Berlin 1er plat, 11, 28/29, 34h, 35m, 38h, 38/39b, 40, 41, 42m, 44, 45hd, 46, 47hd, 48, 49, 50h, 51, 52/53, 54, 55, 56h, 56/57, 57h, 60, 61, 63, 81, 85b, 96m/97, 134-135b, 142. Artephot/Brumaire, Paris 121. Artephot/Garnier, Paris 62hd. Artephot/Oronoz, Paris 26d, 80. Artephot/Schneiders, Paris 43d, 58/59. Bibliothèque nationale, Paris 13, 16b, 20b, 21, 27, 28h, 30hd, 33, 39h, 45g, 50b, 56d, 79, 98b, 99b, 100/101h, 102, 109hg, 110/111, 113, 114hg, 114b, 115hd, 116m, 117md, 118hg, 119hd, 129, 138, 140-141, 146-147, 148, 150-151. Bridgeman Art Library, Londres 32, 74g, 75b. Bridgeman-Giraudon, Vanves 12, 120. Bulloz, Paris 109hd. Charmet J.-L., Paris 14hg/15h, 22/23, 26hg, 47g, 65, 67h, 68h, 82, 83d, 124bg, 130, 133, 136-137, 144. Courtault Institute of Art, Londres 73h. Dagli Orti, Paris 4e plat,. dos, 1, 2/3, 4/5, 6/7, 8/9, 17, 18/19, 30g, 31, 36b, 64, 69hg, 69d, 70hd, 72h, 72b, 78h, 90, 91b, 94, 98hd, 104, 105, 106/107, 122/123, 124d, 126. D.R. 74d, 75m, 128. Giraudon, Vanves 66, 108hg, 108/109b, 112, 116/117hb, 118/119m. Herzog August Bibliothek, Wolfenbüttel 35h. Jürgens-Giraudon, Vanves 36/37h. Laemmel A., Strasbourg 42hd. Lauros-Giraudon, Vanves 25, 29d, 84/85h, 87h, 87b. Lorette P. -Giraudon, Vanves 101hd. National Portrait Gallery, Londres 76-77. Oeffentliche Kunstsammlung, Bâle 16h. Réunion des Musées nationaux, Paris 23h, 24, 43hg, 88/89, 98hg. Roger-Viollet, Paris 67b, 71, 103, 125hd, 127, 139. Saint John College, Cambridge 83h. Scala, Florence 20h, 86, 91gm, 92/93, 95, 96m.

ÉDITION ET FABRICATION

DÉCOUVERTES GALLIMARD COLLECTION CONÇUE PAR Pierre Marchand. DIRECTION Elisabeth de Farcy. COORDINATION ÉDITORIALE Anne Lemaire. GRAPHISME Alain Gouessant. COORDINATION ICONOGRAPHIQUE Isabelle de Latour. SUIVI DE PRODUCTION Fabienne Brifault. SUIVI DE PARTENARIAT Madeleine Giai-Levra. RESPONSABLE COMMUNICATION ET PRESSE Valérie Tolstoï. PRESSE Flora Joly et Alain Deroudilhe.

LES RÉFORMES, LUTHER, CALVIN ET LES PROTESTANTS

ÉDITION Nathalie Reyss. ICONOGRAPHIE Béatrice Petit. MAQUETTE Vincent Lever. LECTURE-CORRECTION François Boisivon et Annabelle Viret. PHOTOGRAVURE Lithonova.

Table des matières